哈佛商务指南系列⑩

战 略 ABC

——如何制定并实施最佳战略

哈佛商学院出版公司 编

李尚杰 罗雅琴 译

商 务 印 书 馆

2008 年·北京

STRATEGY

Create and Implement the Best Strategy for Your Business

Original work copyright © Harvard Business School Publishing Corporation.

Published by arrangement with Harvard Business School Press.

图书在版编目(CIP)数据

战略 ABC——如何制定并实施最佳战略/哈佛商学院出版公司
编;李尚杰,罗雅琴译.—北京:商务印书馆,2008
（哈佛商务指南系列）
ISBN 978 - 7 - 100 - 05629 - 8

Ⅰ.战… Ⅱ.①哈…②李…③罗… Ⅲ.企业管理 Ⅳ.F270

中国版本图书馆 CIP 数据核字(2007)第 148466 号

战略 ABC
——如何制定并实施最佳战略
哈佛商学院出版公司 编
李尚杰 罗雅琴 译

商 务 印 书 馆 出 版
（北京王府井大街36号 邮政编码 100710）
商 务 印 书 馆 发 行
北京瑞古冠中印刷厂印刷
ISBN 978 - 7 - 100 - 05629 - 8

2008 年 7 月第 1 版　　　　开本 700×1000　1/16
2008 年 7 月北京第 1 次印刷　　印张 14½
印数 5 000 册
定价:30.00 元

致 中 国 读 者

　　哈佛商学院经管图书简体中文版的出版使我十分高兴。2003 年冬天，中国出版界朋友的到访，给我留下十分深刻的印象。当时，我们谈了许多，我向他们全面介绍了哈佛商学院和哈佛商学院出版公司，也安排他们去了我们的课堂。从与他们的交谈中，我了解到中国出版集团旗下的商务印书馆，是一个历史悠久、使命感很强的出版机构。后来，我从我的母亲那里了解到更多的情况。她告诉我，商务印书馆很有名，她在中学、大学里念过的书，大多都是由商务印书馆出版的。联想到与中国出版界朋友们的交流，我对商务印书馆产生了由衷的敬意，并为后来我们达成合作协议、成为战略合作伙伴而深感自豪。

　　哈佛商学院是一所具有高度使命感的商学院，以培养杰出商界领袖为宗旨。作为哈佛商学院的四大部门之一，哈佛商学院出版公司延续着哈佛商学院的使命，致力于改善管理实践。迄今，我们已出版了大量具有突破性管理理念的图书，我们的许多作者都是世界著名的职业经理人和学者，这些图书在美国乃至全球都已产生了重大影响。我相信这些优秀的管理图书，通过商务印书馆的翻译出版，也会服务于中国的职业经理人和中国的管理实践。

20 多年前,我结束了学生生涯,离开哈佛商学院的校园走向社会。哈佛商学院的出版物给了我很多知识和力量,对我的职业生涯产生过许多重要影响。我希望中国的读者也喜欢这些图书,并将从中获取的知识运用于自己的职业发展和管理实践。过去哈佛商学院的出版物曾给了我许多帮助,今天,作为哈佛商学院出版公司的首席执行官,我有一种更强烈的使命感,即出版更多更好的读物,以服务于包括中国读者在内的职业经理人。

在这么短的时间内,翻译出版这一系列图书,不是一件容易的事情。我对所有参与这项翻译出版工作的商务印书馆的工作人员,以及我们的译者,表示诚挚的谢意。没有他们的努力,这一切都是不可能的。

哈佛商学院出版公司总裁兼首席执行官

万季美

略ABC

目 录

目 录

序言 ……………………………………………………… ii

1 SWOT 分析(一)——向外看,关注威胁与机遇 … 2
外部环境分析 …………………………………………… 4
波特的五种力量框架 …………………………………… 16
小结 …………………………………………………………… 19

2 SWOT 分析(二)——向内看,关注优势与劣势 … 22
核心竞争力 …………………………………………………… 23
财务状况 …………………………………………………………… 28
管理能力与组织文化 ………………………………………… 29
评估内部优势与劣势的方法 ………………………………… 30
小结 …………………………………………………………… 33

3 战略的种类——哪一种适合你的公司? …… 36
成本领先战略 …………………………………………………… 37
差异战略 …………………………………………………………… 44
客户关系战略 …………………………………………………… 46
网络效应战略 …………………………………………………… 52

哈佛商务指南

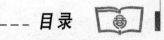

略ABC

序 言

序 言

　　本书主要讨论战略的制定与实施。制定好的战略，并辅之以有效的实施，不仅可以确保公司获得成功，更标志着公司良好的管理水平。作为"哈佛商务指南"系列之一，本书不会深入详尽地探讨方方面面的问题，也绝不奢望就此将你培训成一位战略专家；但有关战略比较重要的话题都将涉及，能让你有一个比较顺利的开端——并给你足够的信心。

　　战略制定的实质就是做正确的事，这是高级主管和总裁最为关注的问题之一。战略实施则是怎样把事情做好，它是另一组完全不同的活动。无论是高级主管或是基层经理，都必须谨慎对待"怎样实施"这项活动的问题。因为如果实施力度不够，再伟大的战略也会变得毫无价值。然而奇怪的是，尽管目前关于商业战略的著述非常丰富，但关于怎样实施的讨论却相对较少。在下面章节的讨论中我们希望能纠正这个问题。

何谓战略？

　　从词源来看，战略（源自希腊词 *strategos*）是一个军事术语,用来描述将军的指挥艺术,指的是将军为击败敌军而制订出的部署、调动部队的计划。卡尔·冯·克劳斯威茨(Carl von Clausewitz)这位 19 世纪的战争艺术理论家曾把战略描述成"拟订战争计划,拟订各个战局的方案并部署其中的战斗"。[1]再晚一些,在那个战争的年代里,战略的概念得到极大拓展。历史学家爱德华·米德·厄尔(Edward Mead Earle)将之描述为"控制与使用一个国家或国家联盟的资源的艺术,包括其武装力量,目的就是有效地提高和保卫其重大利益"[2]。

商人一向喜欢用军事作类比,因此他们借用战略这个概念也就不足为奇了。他们也将战略看做是控制和使用资源(人力的、物质的和经济的资源)的计划,目标是提高和保卫其重大利益。肯尼思·安德鲁斯(Kenneth Andrews)在其 1971 年出版的经典著作《企业战略概念》(*The Concept of Corporate Strategy*)中第一次阐明了这些新兴的理念。安德鲁斯把战略描述成一个框架,这个框架至今仍然有用。他从两个方面来定义战略,即考虑企业能做些什么——其优势和劣势,及企业所面临的各种可能性是什么——即机会与风险并存的外部环境。[3]大约 10 年后,哈佛教授迈克尔·波特(Michael Porter)更进一步明确了这个定义,把战略描述成"企业参与竞争的宏大框架"。[4]

布鲁斯·亨德森(Bruce Henderson)是波士顿咨询小组的创始人,也是企业战略研究的元老级人物,他将战略概念与竞争优势联系在一起。"竞争优势"借用了经济学中的一个概念(即比较优势),是战略的一个变量,能让一家公司处于优势地位,比对手更能

为顾客创造经济价值。亨德森写道:"战略就是有意识地去寻找一个行动计划,这个计划可以发展并增强企业的竞争优势。"他继续写道,竞争优势来源于差异,"你与竞争对手之间的差异是你的优势的基础"。[5]

亨德森认为如果两个竞争对手都以相同的方式做生意,那么他们就不可能共存。为了生存,他们必须有所差别。"每一方都应该有其独特之处"。比如,位于同一个街区内的两家男装服饰店,如果一家专做正式服装,另一家主要经营休闲服饰,则有可能共存共荣。反之,如果两家相同的商店以相同的方式出售相同的货物,那其中肯定有一家要倒闭。在这种情况下,每家商店都会尽力用最讨好顾客的方式来突出自己——通过更低廉的价格、更丰富的货物种类或是更宜人的购物氛围。

迈克尔·波特同意亨德森关于差异的理念:"竞争战略就是强调差异。它意味着有意识地选择一组独特的活动来传递一种独特的价值观。"[6]来看看下面这些相似的例子:

- 西南航空公司是北美赢利率最高的航空公司。它能够脱颖而出,并不是靠模仿竞争对手。而是因为其独特的战略,比如提供低廉的价格、频繁的航班、点对点服务以及其他各种取悦顾客的服务。

- 易趣网(eBay)为人们买卖货物提供了一种新颖的方式:在线拍卖。公司创建者的最初目的是希望用一种更简便、更有效、辐射范围更广的方式来行使与分类广告、跳蚤市场及正式拍卖相同的功能。在线拍卖也由此将公司的服务同传统竞争者所提供的服务区别开来。

● 丰田公司开发出普锐斯混合动力小型轿车,也正是这样
　一种战略。它们期望能在一群举足轻重的买家中拥有竞
　争优势,这群买家理想中的交通工具应该对环境无害、操
　作方便,并代表汽车引擎的最新技术。

　　到目前为止,这些战略都成功地帮助其创始人达成了目的,并
为他们赢得了超越对手的竞争优势。西南航空成了美国赢利率最
高的航空公司,易趣网已是最成功的网络公司,而在写本书的时
候,丰田公司研发的这种混合动力汽车也已拥有了四个月的订单。
要做到不同,可以有很多方式。我们在后面也将看到,即便是提供
相同产品的公司,也能通过战略制定使自己有别于竞争对手,比如
提供更好的价格,或者更快捷、更有保障的送货服务。当然,单是
"差异"本身并不能产生竞争优势,更谈不上保证商业获得成功。
火箭汽车肯定是"特别的",却不会吸引广大客户。混合动力(汽
油/电力)汽车却不一样,它的独特之处在于它能在节省燃油、低量
废气释放方面为顾客创造优势价值,而这些价值也是顾客乐意花
钱购买的。

　　那么,什么是战略呢? 战略就是一种计划,目的是通过"差异"
为企业提供超越对手的竞争优势。战略的主要内容就是弄清楚你
所做的事情、你所希望达成的结果以及——更重要地——集中考
察你如何通过计划达成自己的目标。同样,战略还包括考虑哪些
事情是不能做的,为公司的目标范围圈出边界。一个健全的战略
计划如果辅之以有效的实施手段,会为各层经理和员工确立目标

和方向,以此来定义其工作职责,并促使企业获得成功。反之,没有明确战略的企业会漫无目的。这种企业四处出击,出现不同的机遇便立刻转向,但是永远不可能有大作为。

战略在公司层及其各操作单位层都发挥着作用。比如,通用电气公司旗下有许多不同行业的部门:飞机引擎业、家用器具业、资本服务业、照明、医疗系统、塑料、动力系统以及电力分配与控制,甚至还包括美国主要的电视网络之一:NBC。宏观统筹这个巨大企业的管理者有自己的战略,每一部门的高级经理也有自己的战略。因为这些部门来自不同行业,它们有各自不同的竞争环境,所以必须有属于自己独特的战略。但同时这些战略又必须与企业整体的战略相一致。

战略与商业模型

许多人将战略与另一个新兴术语"商业模型"混为一谈。"商业模型"在20世纪80年代末首先开始流行,当时人们刚接触个人电脑和电子数据程序。软件上的不断更新使商人们发现他们可以很容易地为任何商业构想制定出成本和收益"模型"。模型建立之后,只需按几个按键就能观察到单位变化产生的影响——比如单价、利润率和供应商成本的变化。预计财务报表是商业模型所产生的主要文件。到因特网热潮开始席卷商界的时候,这个术语已经是一个非常流行的词汇了。然而,大部分人还是无法清楚地说明它究竟是什么意思。

学者将商业模型定义为企业战略的经济支撑。管理咨询专家琼·玛格丽塔(Joan Magretta)在"为什么商业模型很重要"(Why Business Models Matter)一文中对商业模型进行了比较实用的介绍。该文发表在 2002 年的《哈佛商业评论》(*Harvard Business Review*)中。在文中她将商业模型描述为支撑每一个企业价值链的某种变体。"从广义上来说,"她写道,"这条链有两个组成部分。第一部分包括生产某一产品所涉及的所有活动:设计、购买原材料、制造等等。第二部分则包括与销售某产品相关的所有活动:定位并联络客户、进行销售、配销或提供服务。"[7]因此,商业模型更多的是一种机制,通过这种机制,企业生产并销售某种产品或服务;却较少关注哪些东西在客户看来是独特的、对企业而言是有竞争优势的。它所回答的是下列这些问题:这个东西如何生效? 怎样的潜在经济逻辑能够解释我们以适当的成本为顾客提供价值?

每一个生存下来的企业都建立在健全的商业模型基础之上,但商业模型并不等同于战略,尽管对很多人来说这两个术语是可以互换的。商业模型作为一个体系,它描述的是企业各个部分如何协调工作以产生利润,却没有涵盖企业业绩的一个重要维度:竞争。而这恰恰是战略的职责范围。

当今许多最强大、最赢利的公司都是从商业模型中成长起来的,它们的模型在逻辑上都很完美、很出色,也蕴涵着强大的经济潜力。戴尔电脑就是其中之一,经常被人引作例证。

易趣网这家网络拍卖公司则是另一个例证。它出身于一个非

常简单、传统的模型。易趣网就好像一家长途电话公司,它建立起一个供人们相互交流的平台;然而又像长途电话公司那样,采取薄利多销的方式经营。软件、服务器和行为规则——这些基于网络的基础设施让买家和卖家能够相遇,并进行各种货物的交易——从埃尔维斯的纪念品到二手保时捷,应有尽有。易趣公司不介入交易,也就免去了其他企业向它收取的可能费用。它唯一的责任就是确保拍卖过程的诚信,维护拍卖赖以生存的信息系统。

作为一种利益生产机制,易趣网的模型是很简单的。它从卖家收益中收取费用。这些费用一部分会消耗在各种成本支出上,包括建设和维护网络基础设施、普通的营销活动、产品开发,以及维持商业运作和将买卖双方吸引到网站来的一般成本和管理成本。这些费用和成本的净利就是易趣网股东的利润。

撇除其简易性,易趣网模型的强大力量还说明了这样一个事实,即一小群拿薪水的雇员和外购伙伴就能够支撑起庞大并不断增长的商业活动。而且,相对较少的投资就能够实现交易额(和收益)的成倍增长。干重活的主要是软件和服务器。这种活动不同于公司的既定战略,后者的主要内容是创建并有效地支撑世界上最有效率、最富庶的网络市场——在这个市场里,任何人在任何地方都可以买卖几乎任何东西。

这个例子很清楚地表明,虽然战略和商业模型之间有一定联系,但它们却是完全不同的两个概念。战略提供的是差异和竞争优势,而商业模型则是解释企业运作和赢利的经济体系。

战 略 过 程

　　和商业中诸多重要的事情一样,战略的制定与实施应该被看做是一个过程,即一组将投入转变为产出的活动。这个过程以图表的形式表示为图 I-1。在图表中,我们可以看到,战略制定跟在公司的任务之后,而任务则确定公司的目标及其力图为顾客和股东所做的事情。有了任务,高级管理层就可以制订目标——目标是企业任务的具体体现,用来衡量业绩上的进步。如图所示,目标应该基于对外部商业/市场环境和企业内部能力的实际认识之上。

　　战略制定通常始于全面的调查和分析,通过这个过程,高级管理层可以将目标锁定在公司长期发展所需要优先解决的重要问题上。对每一个重要的问题,都要求各部门和小组制订出高层行动计划。一旦这些行动计划成型,公司的高层战略目标和方向计划书就将进一步明晰。

　　战略制定需要花费时间,而且需要高级管理层和具体操作单位经过一系列反复的沟通才能完成。在沟通过程中,所有参与方都一起考察、讨论和修改整个计划。于是,多个不同的计划流程常常会同时发生。对操作单位参与到战略计划制订过程中来这一问题的重要性,是再怎么强调都不过分的。因为操作单位对自身的能力和其展开操作的竞争环境要有充足的认识。操作单位中的人员也能提供比较明智的建议,提示公司应该做些什么,应该朝什么

图 I-1　战略过程

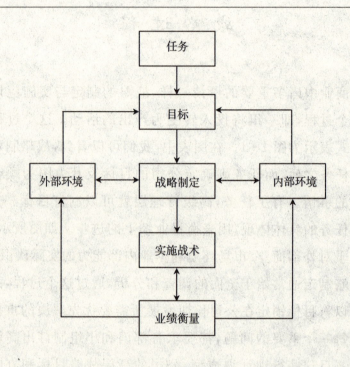

方向前进。而且,参与计划制订的单位,在日后也将更支持、更配合这一计划的实施。操作单位是一个企业的实施核心。它们拥有能有效执行计划的领导才能、人员和技巧。那些不让操作单位参与战略制定过程的企业,收效往往较差。

　　高级管理层和各基层单位领导共同参与战略计划的制订,能保证公司的各种战略——包括公司整体战略及各操作单位各自的战略——上下一致,并确保日后的实施取得成功。

本书的内容

　　战略源自目标,而目标自然来自企业的任务。同时,目标又受制于对外部环境以及企业内部能力的反复理解。一个企业所能拥有的战略选择也同样在这个内外兼修的过程中逐渐显现。战略家将这一活动称为 SWOT 分析:优势(Strengths),劣势(Weakness),机遇(Opportunities)和威胁(Threats)。第一章将帮助你考察充满机遇和威胁的外部环境。第二章则把关注点内移,考察企业的优势和劣势。了解这一内部世界将帮助你更好地认识最可行、最有前景的公司目标和战略。这一章的重点放在衡量一个公司优势和劣势的那些最重要的领域:核心竞争力和行为、金融条件以及管理和文化。

　　等你更加清晰地认识了公司的优势和劣势,以及公司运作所必须面对的外部环境,接下来的问题就是:"我们应该采取何种类型的战略?"可供选择的战略有很多"类型"。第三章描述了四种通用的类型以及采用每种战略需要付出的努力。这四种类型的战略分别是:低成本战略、产品/服务差异战略、客户关系战略和网络效应战略。很可能其中一种——或者是其变体——会适合你的公司,让你的公司比较牢固地占据一部分市场,同时带给你高利润的回报。

　　第四章继续前面的讨论,揭示战略如何帮助企业进驻市场并在

其中占据比较稳固的地位。本章探讨了一些可能的战略行动:建立市场滩头阵地,通过创新逾越市场的障碍,柔道战略的原则等等。

　　拥有一个伟大战略并不是征程的全部。同样需要关注的问题是战略的实施以及如何将战略意图转变为能创造成果的行动。第五章,我们将从战略的制定转入到战略实施的初级阶段。本章解释了为什么需要在战略和公司运作的日常细节之间达成一致。要想成功地在这两者之间达成一致,要想成功地实施战略计划,首先必须在操作单位层次制定,并且执行行动计划。第六章将行动计划过程分割为几个关键的阶段。在这一章中,还将具体介绍一家公司的行动计划作为实例。

　　第七章主要探讨如何让行动计划走上正轨。管理人员不可能只是简单地给出一组指令,然后就期待下面能完美地执行计划。相反,他们必须用一系列行为、培训和其他强化手段来帮助计划执行。同时,他们必须坚持不懈地向公司的每个成员传达公司战略的性质及与他们息息相关的利益。

　　执行过程中最重要的是人。对于管理层来说,管理人力资源及管理其对战略变化的忠诚常常是最大的挑战。雇员必须感觉到,他们对于上面要求自己执行的计划有话可说。他们必须清楚,计划执行的成功与否对他们的事业和财富至关重要。他们必须有足够的动力,去完满地做好自己应该做的事情。同时,他们还必须能看见实实在在的激励,觉得自己辛苦的工作会有回报。第八章将一一讨论这些问题。

　　没有哪一个战略——包括那些可以称之为"伟大"的战略——

能做到永不过时。外部环境总会有些改变,从而导致当时的战略不再有效,不再能带来利润。领导层必须对这种变化高度警惕。第九章阐述了管理人员如何衡量现行战略的有效性。当管理层发现自己正慢慢丧失对顾客的吸引力时,又该如何进行鉴别呢?这一章会提供一些小窍门,告诉管理人员如何去监控战略计划的执行情况,如何去识别那些需要他们介入干涉的领域。

以上是本书各个章节的大意。正文之后的附录部分,可能也包含了一些有价值的材料。首先是一个附录,其中包括下面这些项目:

● **SWOT 分析工作表。**正如第一、二章中描述的,战略制定者运用 SWOT 分析来确定企业的优势、劣势、机遇和威胁。这份工作表可以帮助人们系统地思考、衡量这些内部和外部因素。你可以从"哈佛商务指南"系列的网站上免费下载这份工作表:www. elearning. hbsp. org/businesstools。在这个网站上,你还可以发现其他一些有用的管理和金融工具。

● **工作分解结构法(WBS,即 Work Breakdown Structure)工作表。**工作分解结构法源自项目管理,是本书描述的战略执行工具之一。你可以用这个工作表将大的任务分割成一个个小部分,然后估算完成这些任务所需的时间。这个工作表也可以在该系列丛书的网站上下载。

● **项目进度报告。**如果将自己的战略实施看做一个项目,

那么你也将发现这是一个非常有用的工具。它能帮助你考察关键事件、关键决策和预算状态的进度。这个工具同样可以从网站下载。

工作表附件之后是战略制定和实施的一个专用词汇表。每一项商业活动都有其专业的词汇表，这里也不例外。你可以在表中找到书里面出现过的基本专业词汇。

最后一节介绍了一些比较容易获得的书籍和文章，这些资料可以帮助你更多地了解本书的话题。本书是指南系列之一，因此也就不可能涵盖战略制定和实施这个话题里你希望了解的所有东西。如果你想知道得更多，可以参考这一节中列举的材料。

本书的内容在很大程度上倚重于过去24年以来出版、发表的有关战略研究的专著和文章。其中许多文字，最初都作为论文发表在《哈佛商业评论》上。而"战略实施"章节所使用的材料，有很多你也可以在《哈佛管理导师》(*Harvard ManageMentor®*)的"实施战略"部分中找到。《哈佛管理导师》是哈佛商学院出版公司的网络服务之一。其他所有引用来源都以标准尾注方式标注出来。

略ABC

1 SWOT 分析（一）

1 SWOT 分析(一)

——向外看,关注威胁与机遇

本章主要话题包括:

- 识别外部环境中的威胁与机遇
- 对经营产生影响的工作、生活方式潮流
- 了解顾客
- 竞争环境的变化
- 波特的五种力量框架

战略从目标开始,而目标又源自企业的任务。但是目标是为实际目的而设定,不可能独自成立。目标制订必须基于对外部环境和企业内在能力的不断了解。有人可能会以为,所有事情都源自目标。然而事实却是从实际出发的人都在可行性基础上制订目标,同时还会参考自己部署资源和能力的环境。比如,3M 公司就明确规定了其年度目标数据:收入增幅 10% 或更多,27% 的雇佣资本利润,等等。这些具体的目标并非从天而降,而是那些熟知市场、熟知 3M 公司能力的总裁和经理们洞察力的产物。他们会对公司的外部和内部环境进行考察来确定这些具体的目标。

正如图 1-1 所示,各种能为企业所用的战略选择,同样也是在考察企业内外部环境的过程中浮出水面的。对于战略制定者来说，这一分析过程可以浓缩为 SWOT，这是四个英文单词的首字母缩写：优势（Strengths）、劣势（Weaknesses）、机遇（Opportunities）和威胁（Threats）。

- **优势**指那些能让你的公司或单位运作良好的能力，是需要加以好好利用的能力。

- **劣势**指阻碍你的公司或单位运作良好的绊脚石，是需要应付的问题。

- **机遇**指能帮助你的公司或单位大有作为的趋势、力量、事件和理念。

- **威胁**指那些你控制范围之外的可能事件或力量。你的公司或单位应该制订应对计划，以减少威胁。

考察内外部因素是一项最基本的工作，因为这样可以让你的单位清楚地了解运作环境，并更好地展望未来。本章将阐释这些考察中的第一项：外部环境分析。内部环境分析以后再谈。

向外看，关注威胁与机遇

图 1 - 1　外部和内部环境分析

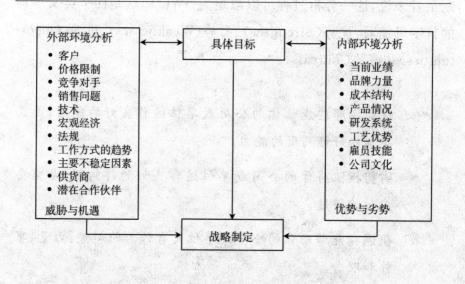

外部环境分析
- 客户
- 价格限制
- 竞争对手
- 销售问题
- 技术
- 宏观经济
- 法规
- 工作方式的趋势
- 主要不稳定因素
- 供货商
- 潜在合作伙伴

威胁与机遇

具体目标

内部环境分析
- 当前业绩
- 品牌力量
- 成本结构
- 产品情况
- 研发系统
- 工艺优势
- 雇员技能
- 公司文化

优势与劣势

战略制定

外部环境分析

　　"制订有竞争力的战略计划,"管理学家迈克尔·波特写道,"根本在于将企业与其环境联系起来考虑。"[1]每一个公司的外部环境中都遍布着客户、竞争对手、供货商,大多数情况下还会有监管者。所有这些力量都会影响到企业的潜在利润。有当前客户,也有潜在客户,他们中每一个人对产品/服务的质量、特点和用途都会有不同的要求。这其中有哪一种要求没有得到满足吗?同样,企业面临着当前的竞争对手,也会有其他试图进入本行业的新竞争对手。

　　技术是竞争环境的一部分，而技术是日新月异的。技术世界现在是否在某些方面有所发展，从而改变了你的竞争环境，甚至可能让当今本行业龙头企业的产品也变得过时了？

　　替代品是外部环境中的另一种威胁。比如，在20世纪80年代早期，新发展出来的个人电脑文字处理程序就是打字机的替代品。替代的速率非常高，因此在10年时间里所有的打字机都被替换了下来。如今，拥有数码照相功能的手机非常流行，这种手机同样也成为相机和胶卷的替代品。那么，你的产品有哪些潜在的替代品？其他种类的市场中是否潜藏着你的产品的替代品？

　　分析图1-1中左边列举的外部因素，能帮助战略制定者找到、了解一些威胁与机遇，从而帮助企业认清自己的战略选择。（这份列表没有穷尽所有的外部因素，读者可以添加进其他一些与自己行业相关的因素。）本书属于"指南"系列，无法对每一个因素进行详细的阐述，因此我们将集中关注其中几个因素。我们还会运用迈克尔·波特的"五种力量"框架来分析某一行业中的竞争；25年来，这一理论框架一直都在证明自己对商界的巨大价值。[注：要想进一步了解对外部环境分析的探讨，请参阅本书末尾"参考阅读"中列举的文献。具体包括：迈克尔·波特的《竞争战略》（*Competitive Strategy*），大卫·阿克（David Aaker）的《制定商业战略》（*Developing Business Strategies*），以及杰伊·巴尼（Jay Barney）的《获得并延续竞争优势》（*Gaining and Sustaining Competitive Advantage*）。]

工作方式和生活方式的潮流

不管你身处哪一个行业,工作方式和生活方式的潮流都可能会影响到你的前途。看看下面这一潮流:根据一家私人研究公司IDC(国际数据资讯公司)的统计,2004 年美国雇员中在出差途中工作的人数上升到了 40％,而到 2006 年底很可能上升到 66％。根据自己所做的生意,这些原始数据应该能够让我们思考如下的一些问题:

● 这数百万人出差坐何种交通工具?

● 他们会在何处吃何种食物?

● 他们会在何处过夜,而怎样的特殊住宿条件会让他们感觉更舒服些?

● 在出差途中,他们如何与自己的家人、公司和客户联系?

● 如何能降低频繁出差的成本?

● 如何将这种"被浪费"的旅行时间转变成能产生效益的时间?

这些都是旅游、餐饮、住宿、移动电脑和通讯等各种行业的总裁们应该回答的问题。而这些问题的答案对某些人来说是威胁,对另一些人则是机遇。比如,IDC 预测商务旅行会继续增加,对那些以这群出行者为客户的航空公司和酒店来说无疑是重大利好。

对那些提供替代旅行产品的公司（比如那些提供网络和视频会议产品及服务的公司）来说，也同样是利好，但是如果这些提供替代品的公司获得成功，对上述那些航空公司与酒店就会造成直接的威胁。既然能够在网上会面，能够利用当地的视频会议设备召开远程会议，又何苦要花费大笔资金、浪费宝贵的时间飞来飞去呢？

　　在我们的周围正发生着许许多多工作方式及生活方式的变化，商务旅行的增加只是其中之一。对许多行业的公司来说，每一种变化都蕴藏着威胁与机遇。请看下面这些变化：

● 越来越多的人都在家办公。这些人极大地依赖于电话通信、个人电脑和因特网连接来工作。但那些坐在办公室里的经理们则不知道如何去管理这些下属。这种变化对你的生意会有怎样的影响？或者说它是否会提供机遇来让你开始一种全新的生意？

● 因特网使得购物、研究、出游和理财更加快捷、方便。这种变化是否会让你现在的生意无法继续？还是为你提供了新的商机，让你能从为客户服务中获取高额利润？

● 美国官方已经宣布肥胖是一种国家性健康疾病，而欧盟公民的身材也越来越可观。这一官方信息对食品公司、餐馆连锁店、健康中心和减肥专家意味着什么？

● 美国东西海岸的新旧房屋价格都曾暴涨，使很多人都无力购买房屋，而且这种情况短期内也无法得到缓解。对于新房产商、建筑材料商和抵押贷款公司来说，这意味着

向外看，关注威胁与机遇

什么？这是否意味着现在是一个好时机来修建、投资一种"住得起"的房屋？

- 欧洲和日本的人口正逐渐老化，而这些国家里许多育龄妇女的生育率也逐渐下降。这对医疗保障体系、老年人住房情况和劳力市场都具有巨大的意义。社会福利和养老体系必将承受极大的压力。这些变化都蕴藏着对某些公司的威胁，同时也会给其他一些公司带来机遇。

我们的世界在不断变化，而这些只是其中很小的一部分。每一种变化都在迫使公司重新制定战略。因此，要随时从智囊公司、IDC、福里斯特调查公司（Forrester Research）、政府机构和其他调查公司那里获得最新的报告。大量浏览论文和期刊。对可能影响自己生意的潮流进行研究，为制定新战略奠定基础。尤其要注意正在发生重大变化的领域。在浏览资料时要尽量放大范围；对你影响最大的变化往往发生在自己所在的行业之外。

客 户

彼得·德鲁克（Peter Drucker）曾写道，一个企业至高无上的要求就是要创造客户。没有客户，企业所做的一切——产品开发、制造、运输等等——都毫无意义。因此，外部因素的分析通常始于对客户的研究：

- 他们是谁？

● 他们对价格敏感到什么程度？

● 如何接近他们？

● 他们现在正使用哪种产品或接受哪种服务？

● 他们的哪种需求没有得到很好的满足——甚至就没有满足？

● 他们对现在的卖家有多忠诚？

● 他们寻求的是一种短期交易还是长期关系？

因为有关客户的潜在问题数量庞大，因此将客户根据其共同特征进行分类就很有用了。市场细分是商家很管用的工具之一；这种技巧将由异质成分构成的庞大市场分割成同质的细小组成部分。这些同质的特征可以从很多方面来定义。下面是部分范例：

● **年龄**——老年人，青少年，大学生

● **性别**——女性，生于外国的男性

● **地理位置**——伦敦北部和西部的郊区家庭

● **用户类型**——频繁使用语音信息的用户，具有领头作用的用户

● **收入**——总收入在 30 000 到 50 000 欧元的家庭

● **行为**——经常在因特网上购物的人

分析客户分类群对战略家来说有许多用处。分类能够帮助人

向外看，关注威胁与机遇

们更简便地认清特定客户的需要(满足和未满足的需要)、对价格的敏感程度、是否容易接近及其对某一商家的忠诚度。比如,对某些关键客户群进行研究也许能够发现,为某些客户服务要比为其他客户服务利润更大。又如,在手机出现的早期,有一个公司进行调查,发现了几个区别明显的客户群:

- **不常使用手机的用户。**这些人(大多是女性)一般申请最低话费水平,而且使用手机多数是出于个人安全的考虑。这个客户群购买的总是最廉价的服务,因此无利可图。这群人的转换率非常高,因为这些客户总是根据竞争者周期性提供的特价套餐而更换运营商。

- **偶尔使用手机的用户。**这些客户每周只拨打有限的几个电话。手机公司在这群客户身上能达到收支平衡。

- **商务专业人士。**这群人经常使用手机,申请的也总是质优价高的服务。他们的忠诚度很高,对价格不敏感。公司的大部分利润都来自这一客户群。

这些发现对该电信公司的未来战略会产生很大的影响。花几分钟来想一想你所在行业的客户——你已经拥有的客户和希望吸引进来的客户。你的公司对这些人及其需要真正了解到什么程度?公司是否已经将他们分割成同质的客户群,从而为战略制定者揭示某些关键的事实?是否存在某些重要的、有利可图的客户群还没有得到你公司或竞争对手的服务?

价格敏感度与需求弹性

　　战略制定者应该了解的外部因素之一是客户对价格的敏感程度。不论企业是想为客户提供一款新的磁盘驱动器，一个低糖的小吃系列食品，还是一种新的药物治疗方式，都必须对价格和客户需求之间的关系有一个全面的认识。

　　自由市场经济学中的一条基本原理就是，在其他因素不变的情况下，商品或服务的价格下降时，人们的购买量增加，而价格上涨时购买量则会减少。这一点我们从直觉上就能看得很清楚，也很容易证实。理性的客户会对价格比较敏感。图 1-2 显示的是两种产品的需求弹性。产品 A 的需求线（D）比较陡峭，说明价格上涨时敏感度也增加；价格上涨时，客户会减少其购买的数量。与此相对，产品 B 则表现出对价格上涨敏感度较低的特点；价格上扬时客户只会极少地降低其购买量；用经济学家的话来说，其需求相对来说是非弹性的。

　　某些商品或服务相对来说对价格敏感程度较低——至少在短期内如此。以汽油为例。2004 年秋天，原油价格飙升至每桶 54 美元，美国汽油价格随之上涨了 30％，但美国汽油消费量却仅仅下跌了 2％～3％。原因何在？人们已经制订好了各种出行计划，又极度依赖日常通勤线路，因此价格飙升也只是激起了需求方面的微小涟漪。然而，如果这种价格水平（或不断上涨的价格）持续比较长一段时间，那么汽油消费量就会大幅下降，人们将不再购买非常

耗油的休闲越野车,开始选择公交系统出行或者拼车去上班,等等。仿佛为了证实这种可能的长期效应,石油生产国的联合机构OPEC当时明确宣布,原油价格有望回到每桶 22~25 美元的价格范围。尽管价格暴涨对 OPEC 成员来说不啻一笔横财,但他们也知道,持续的高价只会导致客户去寻找石油的替换物,诱使他们真正开始寻找其他能源的投资——从长远来说会伤及石油生产国。

图 1-2　价格变化敏感度

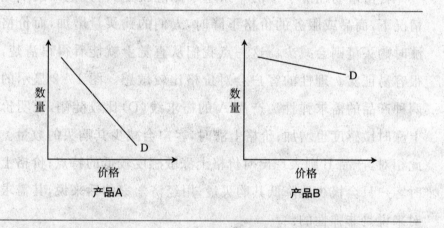

许多商品和服务面对价格变化则表现出更直接、更剧烈的反应,多数是因为该商品或服务并非必需品,或者是因为存在多种替换物。牛肉就是一例。每一次牛肉价格大幅上涨,需求就会立刻下跌,而且幅度也很大。购买者在看到价格时会说:"我看今晚我们吃鸡肉好了。"

经济学家用需求的价格弹性这个术语来量化价格变化对客户需求造成的影响。如果学过微观经济学,那你对这个概念可能会很熟悉。需求的价格弹性用如下的公式计算：

价格上涨百分比/数量下降百分比＝需求的价格弹性

因此,如果一个公司将商品价格从 100 美元上涨到 120 美元,那么价格就上涨 20％。如果该价格上涨导致出售数量从 600 件下降到 550 件,那么下降百分比就是 8.3％。按照上面的公司,需求的价格弹性就应该是

20/8.3＝2.4

最后的数字越大,客户对价格变化就越敏感。

要想了解客户对价格变化的反应,可以有很多方式,包括中心小组调查、问卷调查以及在地方市场直接进行实验。比如,一种在欧盟国家销售的早餐麦片,其生产商就可以在布鲁塞尔提升价格,借此来观察对单位销售的影响。

然而,分析还没有完成,战略制定者还应该预先计算价格变化对总收益的影响。人们买得比以前少,但是价格却比以前高。在上面那个案例中,公司以前以 100 美元的价格能卖出 600 件商品,收益为 60 000 美元。而价格上涨后,估计能以 120 美元的价格卖出 550 件,则总收益为 66 000 美元。另外,还需要进一步分析以确定这一较高的收益所带来的毛利润比以前高还是低。

通常,对需求的价格弹性进行形式研究只用于确定战术层面上的举动。然而,了解价格水平和客户购买行为之间的关系是战略制定者必须掌握的总体形势中重要的一环。

向外看，关注威胁与机遇

你对你所在市场中的客户价格敏感度了解到了什么程度？这一了解对你的战略选择有何影响？

竞争领域

沃顿商学院的一位教授乔治·戴（George Day）曾一针见血地写道："企业管理者在制定战略时所面临的主要问题之一就是定义竞争领域。你在何处竞争？竞争对手是谁？该竞争环境对别人有多大的吸引力？"[2]没有对竞争对手和竞争领域的深入分析，就谈不上对外部环境完整的考察。你自然清楚地知道竞争对手是谁。他们就是你的销售员每天在完成关键销售活动时与之斗争的那些人。他们就是那些致力于挖走你最好的客户的那些公司。没错，你知道他们是谁，但是关于他们你究竟了解多少呢——他们的优势和劣势你知道多少？你是否总能意识到新兴的竞争领域？还有那些几个月乃至几年之后可能出现的竞争对手呢？

有一些竞争领域相对比较稳定，尤其是在那些成熟的、资本密集的行业里。20世纪70年代之前的钢铁行业可算是稳定的。少数的巨头竞争对手在这里一决雌雄，都试图降低单位生产的成本，同时又努力在牺牲对手利益的基础上占据更大的市场份额。其他行业则更加动态一些。娱乐业是一个主要的例证。20年前，美国人可以观看三到四个网络电视台，一个公共电视台和一到两个地方电视台。他们还可以去电影院或者去观看现场表演。今天，看电视的人仍然可以观看网络频道，但是同时还可以收看数百个有线频道。电影院也还存在，但是人们可以通过 VHS（Video Home System，即家用录像系统）、DVD（Digital Video Disk，即数字化视频光盘）、有线频道和计次付费的途径来观看数以千计的电影。这些娱乐服务面对其他人提供的替换物总是很脆弱的，因此商家总会挠挠头，然后问："什么样的战略能帮助我们在这个动态的市场中为自己开辟有利可图的角落？接下来又会发生什么呢？"

动态市场的标志特征包括：

● 许多不同的产品/服务都致力于相似的需求（比如电话、手机、即时信息、电子邮件）

● 种类繁多的竞争对手（比如电视网络、线缆公司、影碟出租商店、直播现场）

● 阻止进入其中的无法逾越的障碍

● 市场分割得较零碎

对你努力去服务的这个市场中的竞争，你了解到什么程度？很少有其他的研究领域能像现在这个一样为战略制定者提供更加巨大的利益。

新兴的技术

技术是现代经济的主要推动力之一。英特尔、思科系统、西门子和健赞之所以能在世界市场中走得这样远，正是因为它们创造、善用新技术和改进了的技术。如果没有电脑和因特网技术的发

向外看，关注威胁与机遇

展，易趣网、亚马逊网站、Google、Cingular 和 Yahoo！甚至都不会存在。即便是你家附近的便利店这样传统的商业形式也要依靠技术来加快收银的速度、减少错误、以分类方式跟踪销售情况、管理商品目录。

技术同时代表着威胁与机遇。代表着威胁，因为一项新技术可能会危及你正在做的生意，比如文字处理软件和个人电脑对打字行业造成了毁灭性的冲击，又比如现在的数字成像技术正威胁着胶卷/胶卷冲印行业。换一个角度来看我们会发现，只要企业将技术商业化，使之能够为客户产生明显的利润和价值，那么技术同样可以为企业提供绝佳的机遇。

波特的五种力量框架

如果不讨论迈克尔·波特的五种力量框架，那么任何对竞争环境的研究都将是不完整的。这个框架最早出现在 1979 年波特发表在《哈佛商业评论》上并获奖的文章之中——"竞争力量如何影响战略制定"，自那以后，该框架一直就是一个很有用的工具，可以帮助人们通过分析去把握竞争态势，把握一个行业内部的潜在经济形式。框架还促使战略制定者将目光投向现存竞争对手的小圈子之外，去考察决定企业潜在利润和发展的其他参与者和影响力量。波特指出了以下几种制约行业竞争的力量（见图1-3）：

● 新来者所产生的威胁

- 供应商的议价能力

- 现存竞争者占据有利位置的情形

- 客户的议价能力

- 替代品或服务所产生的威胁

图 1-3　波特的五种力量模型

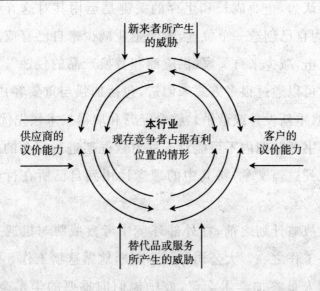

来源：迈克尔·E.波特，"竞争力量如何影响战略制定"（How Competitive Forces Shape Strategy），《哈佛商业评论》，1979 年 3-4 月，141 页。此处引用已经作者许可。

　　"这些力量合在一起，"他写道，"就确定了某一行业的最终利润潜力。"根据这些因素的差别，行业与行业的利润潜力各不相同。比如，当今电信行业的各个部门都面临着微弱利润潜力的威胁，因

向外看，关注威胁与机遇

为很多因素都对现存运营商不利:该行业的参与者不断抢夺对手的客户,通常都以压低价格和增加服务的方式进行;客户很容易就可以更换运营商;同时客户可选择的通讯方式也是多种多样,包括普通电话、手机、电子邮件、即时信息和网络电话。另外,技术变化的步伐非常快,迫使现存的竞争参与者不惜成本使自己处于最前沿的位置。相反,其他行业中的竞争参与者所拥有的五种力量的组合则可能要更加有利一些。

波特认为,企业成长和生存的关键是运用其对这五种力量的了解来"为自己创造一个位置,能使企业减少来自已有或新来直接对手的攻击,减少来自买家、供应商和替换产品的侵蚀"。他指出,这个位置可以通过很多方式来创造,包括加强与重要客户的关系、产品分类(重新设计或营销)、整合经营和取得技术领先优势等。[3]

在本书的范围内不可能对五种力量框架进行完全的探讨。建议读者找到这篇文章,将其中的理念运用到自己所在行业的实践中去。

探讨战略计划之前,在外部环境中考察威胁与机遇是必不可少的准备工作之一。大公司总是不间断地做这项工作。他们让自己的技术人员参加学术会议,鼓励他们向重要的学术杂志投稿。他们总是与现存和潜在的客户保持着联系,一方面通过中心小组调查,另一方面则通过采访具有领头作用的用户——也就是那些总走在普通用户前面的公司和个人。有些公司甚至还设有专门的"情报"单位,后者浏览报纸和技术期刊,时刻关注新提出的规则条文等等。这类公司总是在观察外部世界,留心那些可能影响到自己的威胁和机遇。你的公司也应该效仿。

小　　结

● 工作方式和生活方式的潮流很可能会影响到你的未来。

● 市场细分是一种很有用的工具，能将异质的庞大市场分割成同质的细小组成部分。分析这些组成部分能帮助你弄清楚为哪些客户服务更有利可图。市场细分还能让你更容易发现满足和未满足的需求、价格敏感度、客户可接近的程度以及特定客户的忠诚度。

● 确定了产品处于何种需求的价格弹性指数，你就能够量化价格变化对客户需求的影响。

● 波特的竞争环境分析框架促使战略制定者去考察五种行业力量：新来者所产生的威胁；供应商的议价能力；现存竞争者占据有利位置的能力；客户的议价能力；替换产品或服务所产生的威胁。

向外看，关注威胁与机遇

略ABC

2 SWOT 分析(二)

2 SWOT 分析(二)
——向内看,关注优势与劣势

本章主要话题包括:

- 识别、评估核心竞争力
- 了解公司采取新战略的财务能力
- 评估公司应对变化的管理能力和组织文化
- 评估优势与劣势的九步法

在外部世界中考察完威胁与机遇之后,战略制定者还必须向内看,评估企业自身的优势与劣势。和对外部世界的认识一样,对内部世界的认识能够让人们对哪种企业目标与战略最合适、前景最好有更加实际的认识。

企业或单位的优势和劣势究竟是什么呢? 我们可以从成本结构来寻找答案。另一处寻找答案的地方是企业的各种品牌。这些品牌是否足够强大,是否能够将企业的触角延伸到大众市场里去? 企业研发项目的渠道又是怎样的情况? 还有员工的聪明才智呢?

内部分析中需要考虑的问题非常多。本章将关注企业优势和劣势应该得以评估的三个最重要的领域:核心竞争力和行动、财务状况以及管理和文化。然后,本章会向你展示进行评估的方法之一。

核心竞争力

任何新的或改良的战略都必须以一种核心竞争力为基础。核心竞争力这个术语指的是企业在关键领域里的专业水准或技艺，能够直接造就高人一筹的业绩。比如，索尼的核心竞争力之一就是在一系列实用性很高的用户产品中将微电子技术与超前的设计结合起来。康宁公司（Corning）在玻璃和陶瓷材料领域中有着强大的竞争力，而且一直以来都以战略的眼光将这种竞争力用来创造许多成功的生产线，从 Pyrex 烤箱器皿、电视显像管到轴流式转化器的内部零件。柏克德（Bechtel）公司将大规模项目管理看做是其核心竞争力之一；不论是为秘鲁首都修建新机场，还是为中国广东省修建石化综合性建筑，柏克德公司总是清楚如何面对庞大的任务，并将之完成。

贵公司的核心竞争力是什么？不要给我列举贵公司所做的事作为对这个问题的回答："我们制造照明器材。"相反，你应该确定自己在哪方面非常擅长——优于别人——而用户对之又很看重。有时候，你擅长的可能是一种核心行为——一种将投入转变为产出的关键活动。核心行为是那些关乎企业成败的行为。比如，3M公司就有这样一种行为，帮助它每年都能推出 10 来种新型的、针对用户的产品。这么多年以来，它一直都比其他大多数企业清楚如何孕育前途光明的理念——许多都是在粘胶剂产品领域——然

后将其中最好的理念转化为能真正解决消费者及行业难题的方案。对 USAA 这样的会员制金融服务公司来说,处理客户交易是一种核心行为,而这正是它非常擅长的一种行为。

需要提醒的是,对某事极其擅长本身并不意味着战略优势。你所擅长的东西必须同时是客户所看重的。这一点看似平常,但有些管理者容易忽视。你还得比别人做得更好才行。

对你的核心竞争力和核心行为的相对力量进行评估可以采用的方法之一是标准检查,这是一种客观的方法,将自己的活动与公认做得最好的公司进行对比,确定自己处于何种水平。除了给自己定位,标准检查的目标还包括寻找改进自己行为的机遇。标准检查的标准对象很可能存在于另一行业中。比如,施乐公司(Xerox)发现其下属机构的后勤经营出现了问题,于是派遣了一组人员前往缅因州的弗里波特(Freeport, Maine),到广受欢迎的、成功的服饰与装备直邮零售商 L. L. Bean 公司学习,看后者如何接受、处理个体用户的订单。施乐小组学习到的东西后来被用来改进公司处理用户订单的方式。

请记住,竞争力只有在特定语境中才有意义。(如果想初步了解如何评估核心竞争力,可参考"你独有的竞争力是不是有效战略的稳定基础?")

下面是一个评估方法的案例,你可以借助它来系统地评估相对于竞争对手你的核心竞争力有多大。本例中的假想公司是格滋莫产品有限公司(Gizmo Products, Inc.),一个高端厨具设计、生产商。在本案中,该公司将自己在关键领域的竞争力与公司 X 和公司 Y 进行比较——这两个公司都是其主要的竞争对手（见表 2-1）。注意表中区分了主要和次要竞争要素。

表中所列举的评估等级能帮助经理和总裁确定公司在最重要领域的优势和劣势。这些等级可以通过公司人员之间的自由讨论获得。但是员工的观点可能会缺乏客观性，信息的不完整会损害其可靠性。因此，如果采用这种方法，要将那些了解整个行业的销售员、其他公司跳槽过来的人员和相关顾问包括进来。如果你的市场研究中包含关于用户和批发商的调查数据，一定要善加利用。同样还应该考察由独立第三方汇编的质量和维修事件记录。你需要的是对贵公司相对于关键竞争对手的优势和劣势进行比较纯粹的评估。

这种评估方法有别于传统的标准检查方法，因为它可以考察公司竞争力的许多关键方面，而不是局限于某一个方面。但是和标准检查一样，它也有一个方法论上的缺陷：它所提供的是某个时间点上不同公司的不同状况，而对竞争力趋势的预测对未来发展却非常重要。比如，表 2-1 中，格滋莫公司在灵活生产能力这个关键竞争力上要强于公司 B。在这个重要的纬度上，格滋莫公司的等级是 4，而公司 B 则是 3。然而，公司 B 在接下来的几年中可能会快速发展，从而使得格滋莫公司丧失其在该领域里的相对优势。于是，到第二年，格滋莫公司可能已经丢失了它在灵活生产能力这方面的领先地位。因此，要像表 2-2 所示的那样，在你的评估中加进趋势预测的成分。根据表 2-2，在灵活生产能力这个竞争力纬度上，格滋莫公司在逐渐衰落，而公司 A 比较稳定，公司 B

向内看，关注优势与劣势

则在不断改善。

你独有的竞争力是不是有效战略的稳定基础?

　　某种特定的核心竞争力或资源要想成为有效战略的基础,则必须得到用户的认可。但根据戴维·柯林斯(David Collins)和辛西娅·蒙哥马利(Cynthia Montgomery)的观点则还需要经过以下的检验:

● **不可仿效性。**这种竞争力必须很难复制。千万不可将一种长期战略建立在竞争对手很快就能模仿的东西上面。

● **耐久性。**耐久性指的是这种竞争力或资源的持续价值。有一些品牌名称有着长久的价值,比如迪斯尼和可口可乐。然而,某些技术的商业价值却只能维持几年而已,之后就会被更新、更好的技术所替代。

● **专有性。**这个检验确定的是谁将拥有你的竞争力或资源所创造的价值。在某些行业,大部分利润都落到了零售商手中,而不是发展、生产实际产品的那些公司。

● **可持续性。**你特有的资源是否会被某种替换物打败?

● **竞争优越性。**你特有的竞争力或资源真的优于竞争对手吗?正如柯林斯和蒙哥马利所警告的:"经理们在评估公司的资源时可能犯下的最大错误就是他们没有在同竞争对手比较的基础上进行评估。"因此,为你的优势定位时,记得要将之与最好的竞争对手进行比较。

来源:戴维·J.柯林斯和辛西娅·A.蒙哥马利,"资源竞争"(Competing on Resources),《哈佛商业评论》(1995 年第 7-8 月),第 118-128 页。

表 2-1　核心竞争力、资源之比较

5＝非常强；1＝非常弱

	格滋莫公司	公司 A	公司 B
竞争力			
主要因素			
新产品上市时间	5	2	3
产品质量	4	4	5
销售服务	4	2	5
最终用户的满意度	5	2	4
对人才的发展和吸引力	4	2	4
灵活生产能力	4	2	3
次要因素			
项目管理技能	4	？	3
成本控制	4	3	5
信息技术系统	3	？	4
关键资产			
品牌实力	3	1	4
供应链效能	5	1	4
物理工厂	4	2	4
战略伙伴	3	2	5
分销网络	4	3	5

表 2-2　带趋势预测的竞争力评估

箭头代表相对较强或较弱的趋势

	格滋莫公司	公司 A	公司 B
灵活生产能力	4 ↓	2 →	3 ↑

• **27** •

财 务 状 况

如果进行内部分析的重点是制定一种新的战略,那么你最好评估一下企业现有的财务力量。毕竟,新的战略在实行时可能要求很大的花费,尤其是在新战略涉及购买资产或者并购某个相关公司或单位的时候。因此,你应该要求你的首席财务官提供一份包含下列项目的全面报告:

- **现金流。**从现有经营中产生的现金流是否足以支撑一个新项目?一个正在迅速成长的公司往往会很快消耗掉经营产生的现金流,然后不得不向外寻求资本来资助其成长。与之相对,一个成熟的、成长较缓的公司往往能够借助现有经营产生的现金流来资助一个新的项目。

- **获取外部资本。**如果现金流不足以资助新战略,那么公司就不得不向外部贷款者或投资者寻求帮助。因此要首先确定公司的(1)借贷能力,(2)以合理的利率发行债券的能力,以及(3)如果重要项目开始,公司通过出售公司股票的方式吸引权益资本的能力。

- **日程内的其他资金支出计划。**你的公司很可能已经批准了其他资金支出项目。如果确实如此,那么这些项目就会吃掉所有可能的资金。列一份日程内项目的清单,弄清楚它们会以怎样的程度来与新战略竞争资源。

● **新项目的最低预期回报率。**最低预期回报率是重大投资项目预期收益的下限。通常的计算包括企业的资金成本加上对利润的某个预期值。

从首席财务官那里你还应该了解现有经营的财务业绩——具体来说，就是公司投资资本现金回报率以及资产回报率。你还应该了解这些回报数字的走向是朝上、朝下还是维持稳定。为什么要这样费神地去关注回报率呢？因为它们是衡量收益率的标准，任何新战略都必须能够在此基础上有所提高。这些回报率代表的是基准线，新战略的成就都必须与这条基准线进行比较。比如，如果公司现有的投资资本回报率是 12%——而且维持稳定的走向——那么，任何新战略都必须在该收益率基准之上有所提高。

管理能力与组织文化

有些公司能够辨别何时需要作出方向性的转变，而且拥有必要的管理能力和组织文化来保证转变成功。有些公司则做不到。比如，通用公司（General Motors）花了许多年才承认亚洲竞争对手给他们带来了巨大的威胁。管理人员开始警惕这种威胁，但是他们那些善意的转变计划却因为庞大的组织、固有的厂房以及劳工合同而受到阻碍，转变艰难而缓慢。其员工和批评家都一致地嘲笑通用公司，称它在做"冰川运动"。

向内看，关注优势与劣势

　　和通用公司一样,每一个有根基的企业都会或多或少地面临灵活性和适应性的问题。多年的实践自然会让管理层的思维和组织形式适应既有战略的要求。只要战略一直管用,那这就是一个优点,但当战略不再管用,这就是一个潜在的障碍。因此,你在考察内部优势与劣势的时候,要问这么一个问题:公司是否能"应变"? 能应变的公司有适应能力,都随时准备摒弃不再管用的战略,转向能造就更好成绩的战略。能应变的公司有以下特征:

- 管理人员受到尊重,有战斗力。
- 员工个人有随时改变的心理准备。
- 公司组织是非级层式的。
- 员工善于协同工作。
- 有一种对结果负责任的文化。
- 做出成绩能得到奖励。

　　拥有这些特征的公司能很好地执行新战略。而没有这些特征的公司则要面临比较严峻的挑战。

评估内部优势与劣势的方法

　　有些公司的优势和劣势能够量化(比如资产回报率),其他许多公司则不能。有些员工可能会说:"我们的公司会奖励员工做出的成绩。"而同一公司的其他员工的说法可能完全相反。要想从这些不同的认识中找到真相,你需要一种能将来自企业不同职能部门的、观察敏锐的许多员工包含进来的考察方法。他们集体的判断肯定会更精确，因为一两个聪颖个体只是从他们狭窄的视野范围内来提出自己的意见。正如詹姆斯·索罗维基（James Surowiecki）在其极富洞察力的著作《群体的智慧》（*The Wisdom of Crowds*）中所指出的："如果你聚集起足够庞大、足够多样化的一组人，要他们'就影响大众利益的事情作出决策'，那么，这组人的决策将最终'在知性上优于孤立个体的决策'，不论这个个体有多聪明，信息有多丰富。"[1]你还需要一个对这种集体智慧进行组织的方法，下面我们就为大家提供一个由九个实践性很强的步骤构成的方法。[2]

- **第一步：选择一个负责此项分析的人。**这个人应该得到员工的信任与尊重。他或她应该被认为是客观的，同公司内部任何具体阵营都没有瓜葛。

- **第二步：建立一个 SWOT 小组，成员是来自公司不同职能部门的有见识的个体。**和负责人一样，小组成员应该得到同事的信任与尊重，而且应该有公正、"讲实话"的好名声。

- **第三步：就公司或单位的优势进行自由讨论。**在讨论室中来回走动，从每个人那里获取意见。着重考虑上述的核心竞争力、财务状况以及管理与组织文化等考察领域。同时还要考察领导和决策能力、创新、速度、生产力、质量、服务、效率以及技术应用过程。

向内看，关注优势与劣势

● **第四步**:在活动挂图上记下所有的意见。避免重复条目。同时要清楚,有些问题可能会出现在多个目录之中。比如,某个公司或单位在用户服务方面享有优势,但是在这方面同样也有着某种劣势。在这个步骤中,目标是在活动挂图上记录下尽量多的意见。对这些优势的评估稍后再进行。

● **第五步**:对意见进行压缩。将所有的活动挂图挂到墙上。尽管要极力避免条目的重复,但总还会有重叠的部分。向小组询问哪些条目能够合并到同一个标题之下,借此来压缩意见。注意不要过分压缩——不要将过多的意见堆积到一个主题下。这样做的结果通常是主题不突出。

● **第六步**:详细阐述这些意见。对压缩后的意见目录中的条目进行逐一考察,对讨论参与者有问题的项目进行详尽阐释。在具体讨论之前,重申每一个条目的意义是很有帮助的。要将注意力集中在确定优势上面。在这个步骤还不能探讨解决方案,要克制这样的行为。

● **第七步**:确定三个最主要的优势。有时候,三个最主要的优势很容易发现。如果是这样的话,就只需要征询大家的共识。否则的话,给讨论参与者几分钟时间,让他们列举出最主要的条目,然后投票。允许小组成员投三到五票(如果条目数量为10或10以下则投三票,如果10以上则投五票),然后确认三个最重要的条目。如果出现票数均匀分布，或者第一次投票还没有结论，那么就对第一轮投票的多数票条目再进行讨论，然后进行第二次投票。

● **第八步：总结公司优势。**三大优势确定之后，将它们总结起来，写在单独的活动挂图页上。

● **第九步：重复第二步到第六步，讨论公司或单位劣势。**和优势一样，公司或单位的劣势考察领域也包括核心竞争力、财务状况、管理与组织文化、领导能力、决策能力、速度、创新、生产力、质量、服务、效率以及技术。

（注：我们在上一章讨论外部分析时曾提及，你可以用这个方法来收集关于威胁与机遇的集体意见。不过这样的话，你可能要扩大SWOT小组的成员范围，将公司之外的人也包含进来：对本行业了解深刻而且经常与你合作的某个供应商，有着广阔行业经验的顾问，等等。）

完成九个步骤之后，你的SWOT小组应该将讨论的结果汇编成一份报告书，以帮助高级管理层、战略制定者和其他利益部门作出决策。如果你以此方法完成了外部分析，那你的公司就准备好进行战略制定了。

小　　结

● 核心竞争力是任何新战略或改进战略的潜在根基。

向内看，关注优势与劣势

● 竞争力只有在与对手的竞争力比较时才有意义。

● 在思考战略之前,应该对企业的现有财务力量进行评估。新的战略在实行时可能要求很大的花费,尤其是在新战略涉及到购买资产或者并购其他某个公司的时候。

● 成功的战略转变需要管理能力和组织文化。

● 通过考察以下特征来确定公司是否具有应变能力:管理人员受到尊重,有战斗力;员工个人有随时改变的心理准备;公司组织是非等级式的;员工习惯于协同工作;有一种对结果负责任的文化;做出成绩能得到奖励。

● 不能依赖一两个员工来进行内部分析。相反,组织一小群来自企业不同部门的、公正无私的员工来进行。让他们运用上述九步法进行分析。

略ABC

3 战略的种类

3 战略的种类

——哪一种适合你的公司？

本章主要话题包括：

● 成本领先战略以及如何实施

● 以给用户创造真正价值的方式突出产品或
服务——甚至一种商品——的差异

● 用户关系战略，以及使之为用户带来价值的六
种方法

● 网络效应战略：赢者得天下

● 确定哪种战略方法适合你

翻开商业战略的诸多教材，你会发现各式各样的战略
框架：成本领先战略、多样化战略、并购战略、全局战略、
用户中心战略、产品领先战略、垂直整合战略、灵活战略、
产品/服务差异战略等等。这都是一些什么样的战略？
现在你已经了解了外部环境以及自身内部的优势与劣
势，你如何来确定哪种战略对你的公司来说是最好的、最
合适的呢？

实际上，每一个追求利润的实体朝向的都是同一个
目标：确定并遵循一种能够让它较稳定地、有利润地占据
某个细分市场的战略。根据不同的选择，这一份额可小

可大。根据不同的选择,这一细分市场可能在较少数量的交易基础上产生很大的利润,也可能在数百万销售额的每一次中获取较少的利润。这一细分市场可能牵涉到与许多用户之间的表面关系,也可能是与少数几个用户之间的长期深交。不管采取哪一种战略,这些公司还会努力增加利润的值域——也就是用户愿意花费的钱与公司提供商品或服务的成本之间的差距。

本章将描述四种基本战略:成本领先战略、差异战略、客户关系战略和网络效应战略。基本上所有的商业战略都在其中,或者是某种战略的变体。

成本领先战略

成本领先战略为许多公司走向成功奠定了基础。20世纪五六十年代,诸如 E. J. Korvette 和后来的凯马特(Kmart)这样的折扣零售商在美国出现的时候,很快就从传统的百货商店和专卖店手中抢走了零售市场的大部分份额。他们的成功离不开他们以低廉价格发货的能力;而且他们不断发展这样一种能力,使自己的成本结构总是低于传统竞争对手。接着,这些早期的折扣商又被沃尔玛和塔吉特(Target)所代替,这两家公司在执行低成本战略方面更加得心应手。

在这种战略中,产品或服务与竞争对手提供的产品或服务通常是一样的。可以是普通商品,比如钢材和家用电线,或者是能够

哪 一 种 适 合 你 的 公 司 ?

直接从别的商家购买的商品。比如,沃尔玛卖的商品就可以在许多地方买到,有些甚至在家附近就能买到——金霸王电池(Duracell)、Minolta 望远镜、佳能照相机、柯达胶卷、Wrangler 牛仔裤、恒适内衣(Hanes)、吉列剃须刀、Bic 铅笔等。那么,为什么北美洲有这么多人前往沃尔玛和塔吉特购买这些东西,而且往往途中还会经过竞争对手的商铺?因为他们认为在这里可以花较少的钱买同样的东西。而情况也确实如此。沃尔玛确实将低成本优势作为其总战略最关键的部分之一。

使用低成本战略的成功关键就是要在客户预期价值水平的范围内保证自己的成本能产生足够的利润水平。请参看图 3-1,这个图在亚当·布兰登伯格(Adam Brandenburger)和哈伯恩·斯图尔特(Harborne Stuart)首先提出的模式基础上修改而成。客户愿意付出的花费(上限)与提供产品本身所需的成本(下限)之间的垂直距离表示每一个公司的定价都必须在此范围之内。它还代表着客户眼中的公司附加价值。对于商品性产品或无差异产品来说,这两条线之间的距离很窄。而且上限——也就是客户愿意付出的花费——通常是固定的。因此,为了创造更大的利润率,商家就必须将供货成本线降低。一般的做法都是努力提高经营效率,促使供货商压低价格。沃尔玛这么多年来一直在玩、在赢的就是这样一个游戏。它从供货链条中剔除的成本要远远大于其他主要的零售商。

人们很容易就认为,成本领先战略只适用于物质产品:牛仔裤、油漆、成吨的钢材等等。然而,在服务行业同样也有低成本战略的范例。大家可以看看美国先锋集团（Vanguard Group）这家投资管理公司巨擘的例子。公司成立于 1975 年,提供大量的共同基金和很高层次的客户服务。先锋集团及其基金并没有什么奇特之处。一方面,其活跃管理基金中的一部分长期以来一直居于领先地位,另一方面,其中许多都是指数基金,目的就是为了复制市场收益,而不是为了"打败"市场。在大多数时间里,这些被动的指数基金实际上比一般管理基金表现得更好。

图 3-1 预期价值

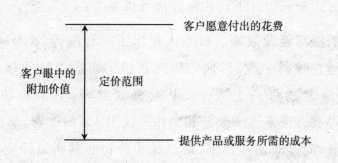

真正使得先锋在其他基金家族中脱颖而出的是其零佣金政策,而且它还是众多基金家族中费用比率最低的。比如,在 2003年,先锋的平均费用比率非常少,只有其资产的 0.25％——当时共同基金行业的平均费用比率是 1.38％,先锋的比率还不足后者的五分之一。这就造成了这样的效果:先锋客户的资金能够多获得1.13％的年收益(其他一切都相等)。先锋将管理和交易成本维持在较低水平,从而实际上能够对客户资金进行反复投资。时间一

长,产生的收益也要优于别人。先锋运用这种战略获得了成功,也为它在个人投资者中赢得了赞誉,并使它成为美国最大的基金家族。

如何运作低成本战略

正如上面所描述的,保持成本领先地位的关键在于保证提供商品或服务的成本低于竞争对手。这是一种不间断的挑战,因为对手会努力地将其成本降低到更低的水平。但是领先地位仍可通过几种方式来获得。下面四种方法可供参考:

不断提高经营效率。日本人提出了一种改善(Kaizen)哲学,即不断地在过程中改善,他们借此获得了制造领域的领先地位。改善哲学鼓励每一个人——上至总裁助理,下至装卸货物人员——寻找方法来逐渐改善其工作。这里1%的改善,那里2%的提高,随时间逐渐累加起来,最终赋予公司非常明显的成本优势。过程再设计的概念所指向的是相似的结果,但是改善哲学的目标是对现有工作的累积式改善,而过程再设计的目标是突破式的大变化——通过全面的重组或者完全摒弃现有工作方式。改善哲学和过程再设计在经营效率上已经对制造业和服务业产生了深远的影响。

利用经验曲线。生产经理知道,员工做某项工作越频繁,他们就会在逐渐学习的过程中做得越快,错误越少。因此,随着经验逐渐增加,一个外科手术小组可以在四小时之内成功完成过去需要八小时的心脏手术。而不久之后,他们甚至可能只需要两到三个小时。在制造领域,经理与员工将注意力放在学习上,也会产生同样的效果。

从经验曲线的概念不难看出,每回生产次数累积翻倍,完成重复任务的成本就会下降特定百分点。因此,如果一个公司在经验曲线上比竞争对手攀爬得更快,它就可以维持成本优势。我们可以来看看图 3-2 中的两条成本曲线。公司 A 和公司 B 开始于相同的成本水平,学习的速率也相同。它们主要在价格上展开竞争。但是 A 入行较早,因此在成本曲线上比对手 B 要更低一些,从而在每一个时间点上维持了成本优势。比如,在时间点 T,优势就是 C。公司 B 要么必须加快学习的速率,要么永远地接受成本上的劣势(和更小的利润空间),要么就退出市场。

一条无可匹敌的供货链。每一个人对戴尔商业模式都很熟悉。它将个人电脑直接卖给消费者,跳过了中介环节。它还根据订货要求生产个人电脑,从而消除了昂贵的成品存货问题,而这一问题极大地困扰着那些以传统行业模式运作的竞争对手。戴尔没有存货在货架上逐渐变得陈旧过时。

关于戴尔,人们经常忽视的一点是其供货链条的效率和效力。这个链条包括零部件供货商、装配商和"联合包裹服务"(United Parcel Service)提供的后勤服务。所有这些都实现了数字连接,因此订货信息立刻就能转换为生产与递送日程。这个链条能在一个星期左右的时间内将客户定制的电脑递送到客户家中,这种能力就消除了中介,避免了存货成本,从而使得公司能在该领域保持成

本领先地位。沃尔玛是另一个范例,证明公司通过供货链的力量能够占据成本领先的地位。

图 3 - 2　经验曲线

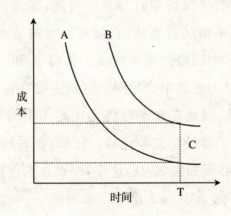

产品再设计。产品再设计可以削减大量成本。比如,在 20 世纪 70 年代,百得(Black & Decker,B&D)这个电动工具制造商发现自己面临来自亚洲低成本竞争对手的直接威胁。它所面临的是严重的成本劣势,仅凭节能、高效是无法弥补这一劣势的。需要更大的优势才能改变这一点。百得的回应是重新设计旗下所有的电动工具家族,并重新设计了制造过程。生产线翻新的核心是一个电力引擎,不需要多少成本就能对它进行改造,使之为各种不同的手动工具提供动力。这样,就不再需要 10 来种不同的引擎,也不再需要制造和储存上百种不同的零部件。这种核心产品平台的简单性和"可制造性"使公司能够在生产新工具家族时节省下 85% 的劳力成本。存货及其他相关成本也以同样的幅度下降。瑞士微电子和制表行业有限公司也通过开发斯沃琪手表实现了同样的成就,这种手表基于一种可靠性高、可塑性强的石英表,后者能够以传统制表成本的很小一部分实现大规模生产。设计上的这一突破使得瑞士公司能够在一个由亚洲低成本竞争对手占主导的市场中参与竞争并繁荣昌盛。

这些范例和其他范例都证明,产品再设计确实是一种获取成本领先地位的有效方法。

. . .

出色的经营是低成本领先战略的重要组成部分,但仅仅是一部分而已。我们在后面会看到,要想成为低成本领导,不能仅仅依靠锱铢必较或将水分从生意程序中剔除出去。首先,成本领先意味着要有一个经过深思熟虑的组织企业的计划。可以考虑下面这个类比:如果你希望制造当地较快的帆船,那你需要做的就不仅仅是给船体打蜡,也不仅是训练船员,使他们能够让那些你称之为帆船的漂桶发挥出最大的潜力——相反,从一开始设计、建造的时候你就应该抱着最快速度的目的。企业也一样,应该抱着获取成本领先地位的目标去构架整个组织。

低成本战略适用于你的公司吗? 如果合适,那么应该做些什么才能使之生效呢?

哪一种适合你的公司?

差异战略

　　每一种成功战略——即便是成本领先战略——的实质就是差异。"我们能够以更低的价格让你飞到热那亚"。"在城市售车公司(Auto City Sales),我们绝不贱卖"。但是对大多数公司来说,差异性的传达是以一种客户看重的定性方式进行的。比如,托马斯·爱迪生开始将电力白炽照明系统推向市场时,他最大的竞争对手是当地的煤气公司。两种照明方式都很有效,但是爱迪生的方法有着明显的差异,受到大多数客户的青睐。和煤气灯的差异在于,电灯在炎热的夏夜并不会很明显地提升室内的温度。电灯更方便,只需要轻轻一按即可实现开关。而且在很多应用场合电灯还可以避免火灾的危险。在19世纪,爱迪生正是利用这些性质上的差异攻击煤气公司,并最终取代了其在城市照明中的主导地位。

　　今天,公司同样采取差异战略。可以汽车行业为例。沃尔沃极力宣扬其产品抗撞性能,使之有别于其他品牌。丰田利用其质量和转售价值的声誉,最近则突出其采用混合动力的普锐斯汽车。宝马的 Mini Cooper 更是干脆朝可能的客户高声喊道:"我开起来乐趣无穷。"保时捷也突出自己的差异,将注意力集中在高性能跑车上——通用公司能为普通人家提供交通工具,丰田能宣扬其高水平的质量和可靠性,但都无法吸引一小群高端用户,后者追求的是速度、灵活以及保证其能够控制 LeMans 赛道的那种感觉,而这恰是保时捷通过差异战略要达到的目标。

商品性产品的差异战略

即便是商品性产品,商业战略制定者也已经找到并利用了能使自己与众不同的机会。价格和产品特性可能相同,但仍然可以在服务的基础上产生差异。水泥生意就是一个范例。水泥就是水泥,不是吗?这就是世界第三大水泥生产商墨西哥 CEMEX 公司所面临的事实。水泥是一种商品性产品。然而,CEMEX 制定出了一套快速、可靠运送货物的战略,正是这一点让公司在本质上从许多竞争对手中脱颖而出。正如戴维·博韦特(David Bovet)和约瑟夫·玛莎(Joseph Martha)在其论述优秀供货链的著作中所指出的那样,CEMEX 已经在许多市场中成为重要的行业力量,原因正是因为它采用了一种高效的生产战略和高科技的后勤服务战略,能够保证 98% 的送货都能及时到达,而大多数竞争对手的记录都只有 34%。对于日程很紧的建筑公司来说,这种可靠性非常有价值,因为水泥无法及时送到就意味着,很多高薪请来的工作人员只能无所事事地闲逛。博韦特和玛莎写道:"这种超级可靠的特质使 CEMEX 能够在大多数市场里收取额外的费用,从而使得其利润水平比主要竞争对手高出 50%。"[1]在这个案例中,超级可靠性使一种商品性产品获得巨大的差异性。通过绝佳的客户支持也能达到类似的效果。

哪 一 种 适 合 你 的 公 司 ?

有效的差异战略

你的公司是否在执行一种差异战略？如果是，公司通过什么使自己与对手的产品和服务区分开来呢？不管回答是什么，一定要记住差异只有在客户看重这种差异的情况下才有意义。不一定是所有客户，但那些你瞄准的客户一定要认同差异。如果这些客户真正看重那些使你的产品或服务有别于他人的价值，他们就可能会：(1)选择你所提供的产品或服务，而不是别人的，或者(2)愿意花费额外的资金来购买你所提供的东西，或者(3)[兼顾(1)和(2)]。要想确定客户是否看重你的差异之处，经验与市场调研是最好的方式。

客户关系战略

每个人都知道，在沃尔玛、百思买(BestBuy)或者其他折扣店能以较便宜的价格买到一个相机或广角镜头。在这些店里，胶卷和冲印也会便宜一些。但很多人在购买相机、附件和胶卷的时候，仍然会去光顾那些独立经营的小规模摄影器材店。同样，Fantastic Sams这家全国特许经营店以低廉的价格提供优质的发型服务，但是许多——如果不是大多数的话——女性仍然愿意花更多的钱到几年以来一直为自己做头发的发型师那儿去。实际上，很多女性认识她们的男性发型师的时间甚至超过她们与丈夫之间维系夫妻关系的时间！用某人的话来说："丈夫可以更换——好的发型师不能换。"

这是怎么回事呢？在其他地方的价格便宜一些的情况下，为什么仍然有这么多客户愿意花更多的钱光顾附近的照相店、理发店、小书店、附近的肉类市场和面包店以及提供其他商品或服务的商家？原因就是他们看重在与这些公司及其老板和员工打交道时的人际关系。这种关系有很多表现形式：和一张熟悉的面孔做生意；商家认识客户，知道他们的需要；以及商家愿意给客户介绍产品，告诉他们如何使用，还会给他们指出不同产品的优劣之处。这些特质你在网上、直邮目录和大多数"仓储"卖场中是无法找到的。后者提供的是交易，而非人际关系。

关系战略的运作方式：USAA

大公司在制定和执行客户关系战略方面处于劣势，但也并非不可能。（营造客户感觉良好的购物过程还有另一种方式，可参考"焦点战略——差异何在？"）我们来看看 USAA（United States Automobile Association）的例子。可能很多读者都没有听说过这个《财富》500 强之一的金融服务公司，尽管它管理的资金高达 710 亿美元。这是因为它服务的对象主要是美国人口中非常微小的一部分：现役军官和士兵、国民警卫队、后备役军官和士兵、候补军官及其家属和上述人员的前配偶。

不过,USAA 目标市场中的这些人对这个公司却非常熟悉,大多数都是其客户,将自己的银行事务、保险和信用卡服务都交给它做。现役军官有 90％到 95％选择它。而且,因为该公司是一个互助公司,所有客户还是公司的部分所有者。

USAA 为这群人服务了几十年,因此很清楚他们在银行业务、保险和退休方面的需要。军官经常在全球范围内调动岗位,它也知道如何应对这一情况。对客户的了解转换为各种客户欣赏的运作方式。比如,客户调动到国外或战争地区时,他们通常会把汽车放进车库,储藏一年或更长时间;这时候,US-AA 就会建议他们取消汽车保险合同中昂贵的责任险。其他汽车保险公司绝不会想到要这么做。和其他人寿保险公司不同,USAA 的合同中并没有对战争条款的限制。USAA 的客户知道,如果他们因为任何原因——包括战时服役——死亡,都可以获得全额死亡赔偿。

焦点战略——差异何在?

很多著作将焦点战略看做是一种通用战略。正如迈克尔·波特在其里程碑式的著作中所描述的,焦点战略是这样一种战略,"其核心思想是为某一个具体的目标对象提供优质的服务,而每一种实用政策的制定都以此为基准。"[a]在很多方面,焦点战略和客户关系战略都是一致的。从 USAA 的例子可以看出,没有高度聚焦、准确定位的客户群,要想建立重要的客户关系是不可能的。另一方面,焦点战略却可以独立于客户关系而存在。大家可以考察一下"薄脆大桶怀旧乡村店铺"(Cracker Barrel Old Country Store)的例子,这是一家全国连锁的饭店/礼品店,服务焦点是喜欢传统食物的旅游者,尤其是

那些开着车在美国高速公路上旅行的人。"薄脆大桶"每一个地方的分店都提供乡村风味的食物和礼品。为了吸引游客再次光临,公司网站上有一项"出游计划",列举出"来-回"驾车旅游路线上每一个出口旁边"薄脆大桶"的分店位置。很多旅游者恐怕未必就会关心光顾"薄脆大桶"是否给自己带来了人际关系方面的利益,但是他们却似乎真的很欣赏它在各处都提供相同的食物、氛围和购物的机会。常客很清楚地知道这地方的情况,这使得那些驾车长途旅行的人能够很容易作出到哪里吃饭的选择。

a 迈克尔·波特,《竞争战略》(纽约:自由出版社,1980),38 页。

USAA 与军队客户的紧密关系以及它对军人特殊生活方式的熟悉可以追溯到 1922 年刚建立的时候,当时 25 名陆军军官发现很难——因为其工作性质和流动性——获得汽车保险。时至今日,USAA 中很大一部分经理与雇员都曾经在军队中服役,而且客服雇员都会接受广泛的培训,使之了解军队人员独特的金融服务需要。[2]个性化服务是他们工作的重心。

同其他《财富》500 强公司相比,USAA 所关注的市场可谓狭窄,但是它对客户关系的关注却带来了很好的回报:收益增加,利润率提高,客户很满意。在 2004 年的一次富裕投资者投票中,USAA高居榜首,满意度比另外一家客户群高度关注的公司——美国教师退休基金会(TIAA-CREF)高出 8%,比服务普通大众的富达公司(Fidelity)则高出 73%。同年,Forrester Research 调查公司将 USAA 列为众多金融服务公司当中在客户推动方面做得最出色的。根据此项研究,客户们会认为,公司所做的一切不仅仅是为了公司利润,更是为了客户的最佳利益。"USAA 在我们的排序

哪一种适合你的公司?

中分数最高，"Forrester Research 公司在新闻发布会上说，"原因之一是它致力于利用高效的呼叫中心方面的经验简化了客户的生活。而另一方面，许多大银行在我们的排序中都处于底端，因为有很多客户感觉回报太慢了。"[3]

如何运作客户关系战略

USAA 这类公司的成功之处在于他们与客户建立的关系真正增加了公司的价值——客户认同的价值。这种价值可以有许多表现形式：

- **简化客户的生活或工作。**USAA 的汽车保险客户每次调到另一个州时并不需要签署一份全新的保险合同。

- **持续的利益。**软件有重要升级时，微软会随时通知客户，免费让客户下载使用，这种做法让微软不断改善其客户关系。

- **个性化服务。**许多高档饭店已经形成了一套为常客提供个性化服务的方法，将其入住信息和个人喜好录入公司的网络数据库。这样就能让客户快捷入住，为他们提供希望得到的服务，并且使之个性化："欢迎再次光临 XYZ 酒店，琼斯先生。我们为您准备了无烟房间。您是否仍然希望在吃欧式早餐的时候让我们将《华尔街日报》送到您的房间？"

- **客户定制。**大多数公司出售的仍然是单一产品和服务。如果你能根据每一个客户的特殊要求经济合理地定制你的产品,如果能拓展这种能力,那么你就可以同客户建立牢固的个人关系。

- **个人接触。**不要将客户打来的电话随意转到空闲的电话代表,相反,给每一位客户指定一位客户代表,这样就能让一桩客观冷淡的交易变得人性化。

- **不断了解。**许多公司都采用CRM(客户关系管理)技巧来更好地了解、服务于它们最忠实、最有利可图的客户。CRM能确认客户与公司之间接触的时间点,将每一个点都视为加深对客户了解的机会。

基于客户关系的战略能创造巨大的效应,能提高客户对公司的忠诚度。当然也有风险,许多人因为这种个性化的工作方式表示出对公司的亲近,但是当进行大额交易时,他们却去找那些低成本的供货商。正如一位私房业主所说的:"我经常去附近那家五金店。店主认识我,所以我要修理龙头、铺瓷砖或者其他事情时,我都能从他那里得到建议。但是如果要大批采购——昂贵的电动工具或其他类似的东西——我最终还是会去家得宝(Home Depot)。否则我就负担不起了。"这时候商家最大的挑战就是要控制住大宗购买的交易。

哪一种适合你的公司?

网络效应战略

19世纪晚期第一批电话卖出去之后,用处其实并不大。你只能打给其他拥有电话的、为数不多的几个人。但是,随着越来越多的家庭、商店和办公室加入到电话网络中来,电话的用处也不断增强了。这被称作网络效应,也就是这样一种现象,某种产品卖得越多,用户网络覆盖越广,这个产品的价值就不断增加。

作为一种战略,网络效应还是比较新颖的。这种战略最大的实践者和受益者可能算是网络拍卖公司易趣网了。易趣网最初只是其创建者皮埃尔·奥米耶(Pierre Omidyar)的个人爱好,他制作了一个软件和网络系统,让个人能够将各种各样的新旧物品放在上面进行拍卖。他的网站并非第一个网络拍卖网站,但却是第一个广受欢迎的网站,正是这种广受欢迎使得网络效应发挥到了极致。买家涌向易趣网,因为上面的卖家最多,而卖家也将自己的货物放到易趣网上,因为它吸引的买家最多。这种良性循环很快就让奥米耶的网站成为网络拍卖网的王者,而且现在仍然支撑着易趣网惊人的成长。

没有证据能表明,奥米耶和他的同事一开始的时候就有很清晰的网络效应战略。事情自然而然地发生了。然而,早期的成功激励他们将不断累积的收益用来让这个雪球继续滚下去,他们将大量资金投入到网站建设、客户服务、打造品牌和一系列战略并购上面。

运用网络战略获得成功在很大程度上要看公司能否在竞争前沿脱颖而出,成为占主导地位的供货商。这样做的结果就是留给竞争对手的空间非常小,这也是为什么有人将这个战略又称作赢者得天下战略。易趣网很快在该行业中占据主导。微软凭借Windows 操作系统获得同样的成就,尽管大多数高级电脑用户一致认为苹果电脑公司出产的 Macintosh 操作系统更容易使用、比Windows 更优秀。但是苹果公司将其操作系统的所有权牢牢掌握在手中,而微软却允许其操作系统安装到所有个人电脑生产商的机器上。因此,大多数个人电脑都运行 Windows 系统,大多数新的软件也就为 Windows 机器而设计。又因为越来越多的新软件都基于Windows 系统,所以越来越多的人购买安装了 Windows 系统的个人电脑。到今天为止,还没有人打破这个良性循环。

本章介绍了四种一般性战略。每一种都曾是许多公司成功的基础。可能某一种——或其变体——适合你的公司。但是哪一种呢? 答案要到你公司里去找:公司的任务、目标以及你借助外部和内部分析所了解的一切,可参考图 3-3。将任务当做是边界,你在边界以内寻找新战略。目标是成绩线,新战略必须能够到达这根线。然后运用 SWOT 分析,确定威胁与机遇,同时确定公司现有的能力。这三个要素——再加上向熟悉、了解你所在行业各方各面的人进行咨询——就能引导你作出正确的选择。

但是,你应该清楚,任何一种战略抉择都是一种交易。如果你选择将注意力集中在很小范围的客户群,就如 USAA 的例子,那

么你就必须放弃为广阔的普通市场服务的想法。正如迈克尔·波特所警告的:"试图为所有客户提供一切的公司……是在冒险,会在自己内部造成混乱;因为没有一个清晰的框架,员工每天都要决定该如何工作。"[4]因此,如果你想成为本领域中的低成本零售商,就不要试着去建设连锁专卖店以适合高端客户的口味。你会把市场搅浑,也会把你自己弄糊涂——而且很可能会亏损一大笔钱。

图3-3 哪一种战略最好?

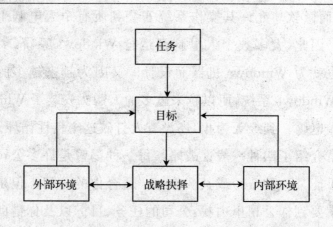

最重要的是,要确保你的战略抉择与你计划面对的主要客户市场相一致。这可能是战略制定中最关键的因素。要时刻将你所选择的客户市场置于视野范围之内,确保你的同事和你抱同样的想法。战略与客户保持一致绝对是至关重要的。

小　　结

- 成本领先战略最适合竞争对手基本都提供商品性产品或服务的行业。

- 不断提高经营效率、利用经验曲线、强大的供货链以及产品再设计——这些都是获得成本领先地位可以运用的方法。

- 差异战略以一种定性的方式将自己的产品或服务区别于竞争对手。

- 商品性产品——有着标准的特征、质量和价格——能够通过更快、更可靠的送货与优越的客户支持来造成与竞争对手的差异。

- 强大的客户关系能够留住那些可能倾向于低成本供应商的客户。

- 客户关系战略要想能够提供客户看重的东西——比如，简化客户生活或工作的东西、持续的利益、个性化的服务和产品的定制服务。

- 网络效应指的是随着产品出售越多价值不断增加的现象。采取这种战略的公司（或从中受益的公司）成功与否

要看公司能否在竞争前沿脱颖而出，成为某种辅助性产品或服务的主要供货商，比如易趣的拍卖网或微软的Windows 操作系统。

● 不管你采取哪一种战略，要时刻记住在战略和目标客户市场之间寻求一致。

略ABC

4 战略行动

4 战略行动
——成功的机制

本章主要话题包括：

- 在占领区抢占滩头阵地
- 运用革新跨越准入障碍
- 应用柔道战术的原则
- 通过产品差异进入市场
- 创造并主导新市场
- 通过并购跨越准入障碍

上一章介绍了几种最常见的战略类型：成本领先战略、产品/服务差异战略、客户关系（和焦点）战略以及网络效应战略。决定哪一种战略或其变体最适合你的公司还不是全部，战略还包含许多其他的东西。本章继续上章的讨论，将主要讲述如何运用战略进入市场，并在其中建立比较稳固的位置。本章还会讨论几种可能的战略行动。因为本书是"指南"系列之一，因此我们这里的讨论只能是有所选择的，但是应该能引起你的思考，思考公司可能达到的成就。

在市场中获得立足点

卡尔·冯·克劳塞维茨在其探讨军事战略的经典著作《战争论》中告诉十九世纪的读者："如果无法取得绝对优势,你也必须在决定点上通过巧妙调遣手头的资源造成相对优势。"冯·克劳塞维茨的建议提醒我们,战略制定者必须认真应对市场的现实情况和竞争对手的存在,有些对手拥有比你更大的市场力量和财务资源。[1]这意味着如果要出击就应该选择那些竞争对手相对较弱、不大可能反击或者无法进行有效反击的区域下手。因此,战略选择必须在考察这种情形的基础上进行。

我们可以以 20 世纪 60 年代和 70 年代的美国汽车行业为例。当时的美国国内汽车制造商都不擅长生产油耗低的小型车。这并非设计制造方面的无能,只是美国当时对小型车的需求量不大而已。燃料价格相对于收入来说比较低,大多数消费者也喜欢空间宽敞的车。而且,在美国生产或销售小型车的利润——不管是相对的利润空间还是绝对的净值——都比大型车低很多。底特律的汽车制造商会对想要制造小型车的人说:"为什么要费这个劲呢?"然而,市场有一小部分还是转向油耗低的经济型小车。大众生产的甲壳虫汽车(Beetle)已经成为学生当中类似宣言的象征——节俭、低调。

不久,达特桑、菲亚特和雷诺加入了大众的行列,开始将其经

成功的机制

济型小车投放到庞大的美国市场的低端,在这个市场中,用克劳塞维茨的话来说,他们拥有相对优势,而且基本没有受到来自美国国内生产商的威胁。丰田、三菱、本田和其他厂商都随之而来,成功地占据一席之地。70年代燃料短缺,价格飙升,这些小型车生产商获得了巨大的推动力,让它们能够往上游更大、更舒适的市场前进。图4-1展示的是国外生产商,尤其是亚洲的生产商如何在战略上逐渐从最初的滩头阵地前进到不同层次的细分市场,大多数是进入中等层次。到20世纪90年代,这些生产商中的部分开始引进雷克萨斯这样的车,以此挑战利润丰厚的高端轿车市场;同时还开始在迅速成长的轻型货车方面有所作为。

图4-1 从滩头阵地向前进发

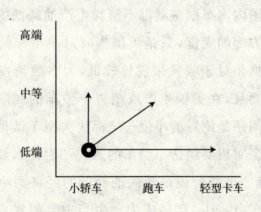

20世纪70年代,亚洲的制表商也采用了类似的方法;当时他

们刚进入个人手表市场的低端层次,单位销量很大,但是利润较小,而来自大公司的反对力量也较弱。精确制表商不愿意和亚洲公司在低利润市场竞争,更满足于退回到利润丰厚的高端市场。然而,一旦新来者获得了立足点,他们就也开始生产面向高利润市场的产品,迫使那些早有根基的欧洲和北美制造商要么展开更加激烈的竞争,要么退出游戏。

两个例子的教益都是:要遵循克劳塞维茨永不过时的建议,将矛的最尖端对准竞争对手最薄弱或最不关心的地方。这条建议几乎可适用于所有的行业。比如,山姆·沃尔顿(Sam Walton)最初并没有和当时的零售巨头西尔斯(Sears)或 J. C. 彭尼(J. C. Penney)针锋相对地展开竞争;相反,他把自己新的沃尔玛商店开在了小城镇里,这里并没有那些可怕的对手。

你也应该思考一下你的行业市场是怎样构成的。参照图 4-1 画一张地图。哪里是你可以获得立足点的不设防区域?一旦取得立足点,要怎样做才能深入到利润更丰厚的相近区域?

通过过程革新进入市场

有一些市场准入障碍不能以上面描述的方法绕过去,必须直面这些障碍。如果你和根基牢固的竞争对手以同样的方式玩这场游戏,那很可能会付出巨大的代价,而且会让攻击者与防御者两败俱伤。最好的方法是给市场带来某种革新——将躲在壕沟里的对

成功的机制

手的优势转为劣势。

　　比如,Nucor最初考虑进入钢材市场的时候,它所面临的是根深蒂固的巨型竞争对手,后者早已经将数十亿美元投入到庞大的工厂,以优于竞争对手的速度生产着钢材。Nucor不可能投入如此巨额的资金,更不可能借此赢利。它的出路就是发展一种新的方法,能够以较低的成本生产同样的产品。具体地说,它注册了一种未经验证的德国工艺——"连续锻造法",这是一百多年以来钢材制造商的圣杯、法宝——并成功地将之投入使用。然后,它决定使用废钢作原材料。大钢材厂都是纵向一体化的结构;他们将铁矿石从地下挖掘出来,然后将之运送到鼓风炉,在那里浇铸形成床垫大小的钢材。之后,这些块状钢材经过长达数英里的轧制机器,再通过加热炉,逐渐被锻造成细长的钢条。Nucor跳过所有这些高资本、高劳力的步骤,转而采用了一种电炉,能当场将废钢熔化成钢液。

　　最终,新来者Nucor借助生产过程革新实现了以较低的成本生产相同质量的钢材。这一优势让Nucor获得成功,也获得了利润。正是因为其革命性的"迷你工厂",它成为了美国最大的钢材制造商,在一个长期遭受客户多变需求困扰的行业中不断获得利润。它的投资资本回报率高达25%,令人惊异。相反,美国钢铁公司这样的大公司发现其优势——庞大的工厂和劳力、采矿业务等等——现在都变成了劣势。

　　运用过程革新进入根基很深的大公司控制的领域,Nucor并不是唯一成功的范例。其战略也并非只适用于规模较小的新公司。比如,皮尔金顿玻璃公司(Pilkington Glass)就是借助"浮法玻璃"生产过程的开发成为平板玻璃行业的龙头老大。和 Nucor 一样,它发现了一种连续铸造的方法,极大地减少了制造时间和成本。

不管你的公司提供的是产品还是服务,过程革新都可能成为你进入或主宰目标市场的基石。你以及公司的其他人可曾考虑过这种方法?

应用柔道战略

柔道高手应用运动、平衡与杠杆的原理击败比自己强大的对手。戴维·约菲(David Yoffie)和玛丽·夸克(Mary Kwak)将这些原则引入了他们的柔道战略。他们指出,在面对比自己强大的竞争对手时,商家可以应用这些原则。他们告诉读者:"运动能让你的对手失去平衡,消解他们的初始优势。平衡能帮助你应付竞争,在攻击中存活下来。而杠杆作用则能打倒对手。三条原则结合起来使用能让你打败不管多么强大的对手。"[2]下面几个范例说明了约菲和夸克的三个原则在实践中的运用。

原则一:运动

这条原则告诉战略制定者要避免过激的行动,比如直接挑衅,

这只会招来强大对手的攻击。Capital One 运用了约菲和夸克所谓的"小狗战略",以不引人注目的方式经营,避免不必要的关注和攻击。比如,公司向信用卡市场的另一领域推出新服务时,并没有做广告,也没有向媒体谈论自己的计划。它只是向目标客户寄出了数千份直邮单。即便花旗银行(Citibank)和其他大竞争对手拦截了部分直邮单,他们仍然无法得知 Capital One 的意图。

运动原则还指导战略制定者去利用那些步履蹒跚的对手无法利用的机会。大公司,比如 Nucor 例中的美国钢铁公司已经聚积了大量物质资产、生产流程、劳力合同以及客户关系。这些资产使它们很难变革。它们不可能将这些资产抛到一边。它们缺乏灵活性。新来的小公司没有庞大竞争对手的这些发达的肌肉,但却能够灵活地运动,抓住新的市场机遇,采用新的生产流程。在这一点上,它们完全可以避免与强大对手的正面交锋。

原则二:平衡

运动原则的成功最终会让公司与大的对手正面交锋。在这种情况下,约菲和夸克建议,要避免出现双方你一拳我一脚的局面。这对实力较弱的公司来说只会是失败的结局。受到攻击时,它们的柔道建议是"你推我拉",利用对手自己的力量来推进你的位置。

它们举 Drypers 为例,当时的 Drypers 正挣扎着建立自己作为尿布生产商的地位。Drypers 进入得克萨斯州市场时,宝洁用两美元的赠券进行铺天盖地的宣传,借此来压制 Drypers。"Drypers 无力进行和宝洁一样的促销战……它决定接受对手的赠券。宝洁公司发放的赠券越多,Drypers 卖的尿布就越多"。[3]结果,Drypers 成了对手昂贵促销战的受益者。

原则三:杠杆

约菲和夸克认为,柔道战略家应用杠杆原则的方式是将对手的力量变为弱点。这可以通过在竞争对手与其合作伙伴之间挑拨离间来实现——让他们忙于自相残杀而无暇顾及你。也可以通过某种手段,将对手的资产变为障碍。他们以 Freeserve 为例,这是英国占据领导地位的网络服务提供商,当时它正面临与美国在线的激烈竞争。美国在线在品牌、内容和客服上已经投入了巨额资金。因为采用了一种完全不同的商业模式,所以 Freeserve——正如其名字所昭示的——能够提供免费网络服务。"(这一举动)迫使美国在线作出一个艰难的抉择:要么与 Freeserve 相一致,结果是结束其高利润、高成本的核心经营;要么坚持其原有战略,然后眼睁睁看着市场份额逐渐缩小。"[4]

· · · ·

柔道战略的原则是否适用于你? 如果你的公司是一家新开的小公司,如果你正准备进入一个由强大对手主导的市场,那么这些原则可能会对你有所帮助。但是在应用这些原则之前,你应该找来这本书,了解这些原则及应用技巧的详细内容。

成功的机制

通过产品差异进入市场

产品差异是获得市场立足点的另一种战略。发明家埃德温·兰德(Edwin Land)及其创立的拍立得公司曾在照片成像领域采用了这一战略。在 20 世纪 50 年代,兰德开发自己的技术时,照相业已然是一个成熟的行业。柯达主导着市场以及许多细分的特殊领域。如果兰德继续生产自己的传统胶卷和相机品牌,那绝对不可能有任何前途;这个市场已经饱和了。于是他为自己的产品创造出一种差异,生产一种能够即时自我冲印的胶卷。这是前所未有的。这和别人是有差异的。它将拍立得的产品突出出来。即时照相在许多客户那里获得成功,使得兰德的公司昌盛了数十年之久。

要想成功,产品的差异必须为目标客户所看重。这一点显而易见。但这种差异还必须同时受到专利权或产权的保护,使得竞争对手很难甚至无法复制。这是差异的另一个方面,很多人都忽视了这一点。柯达的创始人乔治·伊斯曼(George Eastman)对照相业的核心发起冲击是开始于他对胶片的革新,将胶片设计成一卷纤维素构成的片基。但是伊斯曼走得更远。他知道自己的产品很容易被对手模仿,于是他申请了一系列难以攻破的专利,保护其产品以及生产设备。这种保护帮助公司稳住了根基,几十年来一直主导着照相市场。

伊斯曼的成功是很难模仿的。大多数产品差异如果能垄断市场两到三年就很幸运了。我们可以 Minntonka 公司的经历为例，这是一家位于明尼苏达州的小公司，当时它向市场推出了一种名为"软皂"的产品，而这时的市场已经很成熟，由巨型全国公司掌控着。"软皂"装在塑料瓶中，带有一个很方便的挤压装置。液体洗手皂并不是什么新技术。只要拥有一个小实验室和基本化学知识，谁都可以开发出一种能推向市场的相关产品。实际上，美国的液体肥皂早在 1865 年就已经取得专利。一个多世纪之后，在 1980 年，Minnetonka 将自己品牌的洗手皂引入市场，获得了巨大成功。当时的大肥皂生产及销售商——这些公司控制着美国全境零售店的货架空间——完全可以引入自己的产品，用强劲的促销手段和店铺奖励政策来扼杀这个刚起步的革新者。但是 Minnetonka 已经采取了短期保护措施，它购买了制造洗手液泵头所必须的塑料泵的所有货源。这一举措让竞争在短期内无法展开。最终，在 1987 年，Minnetonka 公司将洗手液部门转卖给高露洁公司，后者很快开发出许多不同种类的相关产品，拓展了这个品牌。

创造并主导新市场

你是否在努力地通过成本、质量或特性去跟上甚至打败对手？你这样很可能只会失败。更好的方法是创造一个还没有任何竞争对手尝试过的全新市场。（请参考"挣脱旧规则体系"。）如果你能用优质的产品或服务涵盖新市场的关键领域，那么就能达到主导

成功的机制

地位,为别人制造难以逾越的障碍。

挣脱旧规则体系

　　成功往往是革新的绊脚石,因为成功会带来一种规则体系,使得革新和变化无法萌芽。比如,还在 20 世纪 70 年代的时候,计算机世界由强大的大型计算机主导,IBM 是其中的王者。因此,当个人电脑开始出现时,IBM 内部并没有多大兴趣。能对公司产生影响并掌握大量预算的人都是支持大型计算机的人,他们了解大型计算机的制造,了解通过公司租赁进行营销的方式。开发桌面电脑,将廉价的小型机器卖给个人——这些理念对 IBM 的人来说不啻天方夜谭。将首台个人电脑卖到市场上去,IBM 只有一种方法,那就是通过其设立在佛罗里达州伯克莱屯的"臭鼬工厂"里工作的工程师,而这个工厂远离公司的权力中心。

　　有时候,挣脱旧规则体系、面对全新市场的最好方法就是通过一种新的辅助产品或新的操作部件,它拥有完全的独立性——而且不受任何既定规则的限制。

　　可以索尼为例,它创造了个人便携收录机市场,并开发出一种产品来占据这个市场:随身听。1979 年刚问世时,随身听以低廉的价格为客户提供了优质的音效,体积也很小,能放在大衣口袋或公文包里随身带着,还可以挂在慢跑爱好者的腰带上。没有哪一种轻便收录机能与之匹敌。数百万通勤者、音乐迷、慢跑爱好者和朝九晚五困在工作间里的人购买了随身听。为了占据这个新市场的其他领域,从而获得主导权,索尼开发了许多版本的随身听,几乎都是基于相同的产品平台:更牢固的运动型、带长短波收音功能的型号等等。尽管竞争对手很快便带着其随身听产品进入市场,索

尼却一直保持主导地位,并不断推出新型号的产品。

索尼几十年前的成就被今天的苹果 iPod 超越,iPod 是一种能储存上千个音乐文件的便携式电子音乐系统。iPod 很快就成为各种音乐爱好者的"必备"装备。2001 年 10 月到 2004 年底两次市场发布之间,消费者购买了 570 万台 iPod。"它是最紧俏的节假日电子类礼品,"一个重要电子商品零售商百思买的发言人在 2004 年 12 月如此说。

和之前的索尼一样,苹果也开始为不同细分市场推出不同种类的 iPod,全都基于同一个基本产品平台。到 2004 年底,这些种类已经包括"iPod 照片"——能够储存数千个照片以及音乐文件,还有 iPod U2 的特别版——其中预先储存了 U2 这个流行摇滚乐队所有的歌曲。2005 年初,又发布了价格较低的 iPod 迷你版,获得了巨大的成功。

要想创造新的市场,你要将思维由设计、制造产品转变到更基本的东西上面:以新的方式满足客户最亟须满足的需要。你应该问:"如果完全忘掉我们这个行业现有的规则和传统,那么我们能够为客户提供什么?我们是否能够整合几个行业服务的优势,为买家提供新价值呢?"

将规则抛开,重新开始,这绝非易事——如果你在这些规则指导下成功了,那就尤其困难——但这是通往没有竞争的新市场的唯一思路。

通过并购进入市场

有时候,进入新市场或在现有市场内大规模扩张,最好的方法就是并购,通过战略性收购、合并或合作进行。请看下面这个例子:

一家英国制造商将几个工业化亚洲国家列为扩展经营的对象。它曾从伦敦派遣人员前往日本、韩国和中国开设销售办事处,但是都无功而返。它还试图与当地公司签订销售与配送协议,但这些举措同样没有下文。最后,它认定,最有效的方法就是寻找一个亚洲合作伙伴,共同开设一家新的公司。这个合作伙伴了解市场,拥有成熟的配送网络,而且清楚在目标市场获得商业成功在文化上的要求。根据联合公司的条款,这家英国公司提供三分之二的必要资本,负责将货物运送到香港合作伙伴的仓库。亚洲的合作伙伴将这些货物和自己的产品一起配送,英国产品每一次销售都会获得认可。反过来,它也会将其部分亚洲制造的产品运送到英国合作伙伴那里,后者将尽力配送这些货物,并从销售中抽取份额。

联合公司只是杀进市场的许多方法之一。每一方都会给这个公司带去另一方所需要的东西,每一方的目标都是从利润中分成。

作为进入一个不太熟悉的市场的方法，它通常比单枪匹马要快捷一些。而且能够让合作伙伴有相互学习的机会。

　　另一种方法很简单，就是买下一个公司，这个公司制造的产品或服务的市场正好符合你的战略计划。20世纪90年代和本世纪初，舰队银行（Fleet Bank）通过一系列激进并购战略拓展了它在美国东北部的经营。紧接着，它又被总部位于北卡罗来纳州夏洛特的美国银行一口吞下，后者的目标和前者如出一辙。而在另外一个战场，易趣网收购了现场拍卖公司 Butter-field & Butterfield，这是其迅速巩固尽可能大的拍卖"空间"战略的一部分。紧接着以同样的目的，它收购了 Kruse 国际公司，这是一个重要的古董车拍卖商。

　　这些案例中的战略制定者面临的是"建造还是购买"这个经典的抉择。也许你也和他们一样。

　　收购可能是实现目标最快捷的路，但绝不会保证能够成功。实际上，研究表明，大多数收购的结果都很令人失望，有些甚至是完全失败的。在写作《从优秀到卓越》之前的研究过程中，吉姆·柯林斯（Jim Collins）曾与一位同事进行过讨论，试图确定大并购在创造出色成绩中发挥的作用。正如柯林斯在《时代》专栏中所描述的："……通过并购你也许能够成长，但你不可能通过并购成就伟大。"更坏的情况是，"两个平庸的大公司永远无法合并成一个伟大的公司。"平庸的公司在并购时并不是在朝伟大迈进，而好的公司（以柯林斯的定义为准）却能确保其最优秀的并购能够经受三种考验：(1)并购突出了公司原本就拥有相对于其他公司的优势；(2)并

购增强了原本就已经很强大的某种经济动力；（3）并购"与公司员工的前进热情匹配"。[5]

　　本章探讨了进入市场的几种实用方法。可能会有某一种适合你的公司。人类的想象力有多丰富，这些方法的发挥空间就有多广阔。但是要注意，战略选择的范围通常要受到实际环境的限制。比如，上面所描述的索尼和苹果案例中，两家公司都成功地创造了新市场，并用富有想象力的产品占据了关键领域，但很少有公司能和它们一样有如此的创造力、客户知识、财务资本和技术手段。同样的道理，基于联合公司的市场准入战略要求发起者能给合作伙伴提供某种特别的东西。并不是每个公司都有这样的条件。

　　因此在考虑我们这里描述的战略行动的同时，也要想想自己的能力适合采取哪一种行动。采取某种战略行动时你的公司能力有些怎样的限制？怎样做才能消除这些限制？

小　　结

- 获取并守卫在市场中的立足点——即便是在低端或低利润的领域——能帮助你最终开拓进更有吸引力、更有利润的领域。

- 如果市场准入障碍很难逾越，就应该避免代价昂贵的正面攻击。可以尝试开发一种新的更好的生产流程，来做防备森严的对手正在做的事情。

- 戴维·约菲和玛丽·夸克所阐述的柔道战略有三条基本原则:运动、平衡和杠杆作用。在与强大对手进行竞争时,每一条都很有用。

- 要想成功,产品差异必须得到客户的认可。为了能获得一个可防御的地位,差异还必须得到专利或产权的保护,让对手很难甚至无法效仿。

- 收购与合并是进入或拓展市场的另外两种战略行动。但要当心——这两种行动往往终于失望乃至失败。

略ABC _____

哈佛商务指南

略ABC

5 从制定到实施

5 从制定到实施

——寻求一致

本章主要话题包括：

- 战略制定与战略实施之间的巨大差别

- 为战略实施创造一致性

- 成功实施的因素：人员、奖励、支持性活动、组织结构、文化和领导

很多总裁都热衷于战略制定。SWOT 分析牵涉到很多艰苦的工作，但分析完成，这些总裁就开始高枕无忧，策划大胆的行动来绕开竞争对手、吸引客户、占领市场。然而，如果没有将同等或更多的注意力投入到更加艰难却毫不风光的实施工作的话，那么战略也只能是一堆空话。战略实施指的是将战略意图转化为成果行动的具体措施。战略实施要求管理层持续关注各个层次的活动。战略制定的指向是企业和市场，而战略实施的指向则是经营活动。出色的战略实施对公司来说至关重要，而且能够创造巨大的回报。（欲了解战略制定与实施各自的特征，可参考"两种完全不同的活动"。）

可以赫尔曼·米勒公司为例。这家位于密歇根的公司是北美办公家具行业的领袖，为很多大公司供货。在

20 世纪 90 年代早期,公司领导层意识到,小公司代表着一个成长迅速、服务却不到位的市场。和腰缠万贯的大客户相比,这些小企业对每一分钱都看得很紧,其计划周期也较短;与米勒公司个性化的工作间、办公桌、办公椅和其他物品相比,它们更感兴趣的是那些相对较便宜、送货快捷及时的办公家具。[1]

两种完全不同的活动

战略制定和战略实施之间的区别非常巨大。用来描述它们的词汇更是大相径庭。

战略制定	战略实施
分析与计划	执行
思维	行动
发起	贯彻
在高层	从高层到底层
创造的	操作的
设定目标	达到目标

1995 年,赫尔曼·米勒公司据此制定了新战略,目的就是为这些小客户提供选择有限的大众化基本办公家具,用来满足后者的需求。对这个逐渐成长的市场领域来说,这无疑是一个伟大的战略,但是好的出发点并不能保证战略就可以获得成功。赫尔曼·米勒公司的内部业务必须改变。它总不能简单地将小公司客户的订单抛给现有的生产机器,然后等着将承诺给客户的成品送走就行了。那么应该怎么做呢?

寻 求 一 致

实施这种战略面临着问题,公司的管理层首先跳到圈外,详细审视现有的关键生产环节——从接受订单、供货到运送和安装成品。在此分析基础之上,他们建立了一个体积不大的新经营单位,叫做SQA小组［代表着简单(simple)、快捷(quick)、经济(affordable)］。他们还为SQA小组建立了一条供应链,能够根据他们对客户的承诺递送货物。这个链条中的所有参与者,包括外部销售商都通过一个最新信息技术系统连接在一起,保证了速度与准确度。然后经理和主管就开始着手工作,确保每一个人——从销售人员、组装人员到送货和安装人员——都了解快捷、无差错和及时的重要性。

赫尔曼·米勒公司付出的努力获得了出人意料的结果。实施过程在实践中逐渐完善、精细化,最终SQA小组将过去六到八周的订货及送货周期缩短到平均两周甚至更短。以往,米勒公司的及时、无差错送货只能做到70％,而现在稳定在99％以上。更好的是,SQA小组的销售每年都增长25％,这是公司平均水平的三倍。

我们讲述赫尔曼·米勒公司的故事,目的是为了说明很重要的一个观点——战略如果无法有效实施就毫无意义。有人认为,战略本身其实不如实施重要,原因是很多行业中,战略正逐渐成为一种商品——任何对手都可以效仿。在这种情况下,就不能再利用战略来制造差异。在这些人看来,比战略更重要的是出色实施战略的能力。斯坦福大学的杰弗里·普费弗(Jeffrey Pfeffer)这样阐释这一观点:"正确地管理你的公司比身处正确的行业更重要。"[2]在他看来,成功来自成功地实施战略,而不仅仅是拥有一个战略。当然,理想的情况是同时拥有伟大的战略和出色的战略实施。

从战略制定到战略实施需要关注一系列的结构、人员和资源问题。(可参考"7S框架"中介绍的一种战略实施模型。)任何成功的战略都必须围绕一组连贯的、相互强化的支撑性活动和结构而制定。大多数人称之为一致性。对一个公司来说,一致性指的是这样一种状态,也就是所有的组织结构、辅助体系、过程、人员技巧、资源和激励制度都支撑着战略目标。乔治·拉博维茨(George Labovitz)和维克托·罗桑斯基(Victor Rosansky)曾就此话题出过一本出色的著作,他们在书中确定了一致性的四个因素:战略、过程、人(雇员)与客户。"当一致性的四个因素同时相连,"他们写道,"每一个因素都得到其他因素的支撑,都得到增强……然后就会成就伟大。"[3]

7S 框架

多年以来,人们一直试图建立一种成功的战略实施模型。其中最早(也是最好)的模型首先发表在《日本人的管理艺术》(*The Art of Japanese Management*)中,作者是理查德·帕斯卡(Richard Pascale)和安东尼·阿索斯(Anthony Athos),出版于1981年。这一模型被一家全球战略咨询公司——麦肯锡公司采用,很多人现在都将该模型称为麦肯锡7S框架。框架中的 S 包括战略(Strategy)、结构(Structure)、系统(Systems)、风格(Style)、职员(Staff)、技巧(Skills)和高层目标(Superordinate goals)。如果你想更深入了解这个战略实施框架,请参考理查德·帕斯卡的《边缘管理》(*Managing on the Edge*)。(书目详细信息请查阅"参考阅读"。)

寻求一致

如果你无法在战略与公司赖以运作的大大小小的事情之间创造一致性,那么光是宣布某个战略就不可能让你走很远。无法达成一致性的公司也无法获得他们想得到的结果。本章将考察战略实施者必须考虑的几个一致性因素。

战略一致性的因素包括公司人员、激励机制、支撑性活动、组织结构、文化和领导,如图5-1所示。请注意每一个因素都与战略目标相一致,同时还与其他每一个因素相一致,从而构成了保证战略实施和最终成功的一个坚实平台。

人员与激励机制

每一位管理人员、每一位雇员——上至总裁助理,下到装卸人员——都必须参与到战略的实施过程中来。高层管理人员的责任是将战略意图传达给雇员,而中低层管理人员则必须反复强调这一意图,并将之转化成下属工作的方式。管理人员还必须保证公司:

- 员工拥有正确的技能,能确保战略实施成功(这可以通过招聘与培训来实现)。

- 员工抱有支撑战略的正确态度。

- 资源能确保员工圆满做好其工作。

图5-1 为战略实施创造一致

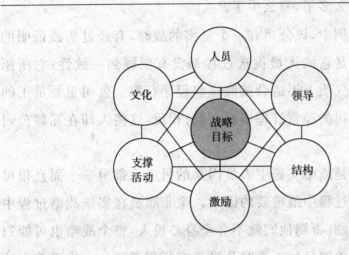

　　公司并不是总能在实施过程中做好人的工作。顾问/作家德怀特·格茨(Dwight Gertz)曾描述了这样一个公司,该公司在美国各地的大商场和其他人流量较大的地方经营新鲜点心连锁店。多年的经验使管理层很清楚应该做什么点心、什么时候做、做多少。公司总裁知道,只要分店经理按照书面操作程序去做,销量和利润都会随之而来——而这些经理也一直遵循不悖。

　　不幸的是,这家点心公司的人力资源部门却开始以"自己作主"的主题公开招聘分店经理。这样的广告自然将那些富有进取精神、希望以自己的方式做事的人吸引了过来。在某些环境下这种做法肯定不错,但是在这里却大错特错。这些人并没有遵循公司的成功惯例;结果不出所料,那些雇用新的进取经理们做事的地

寻 求 一 致

方,利润都大幅下降。他们总是做错点心,在每天、每周的不同时间做的点心要么多了,要么少了。[4]

在这个案例中,该公司有一个坚实的战略,有经过实践证明的操作程序。但是它的人员挑选过程却没有照顾到一致性;它所招聘的那些人在气质上不适合按照这些程序行事。公司重要员工的思维方式和公司的经营管理不相一致;相反,这些人却在瓦解公司管理的力量。

激励机制是战略实施中人员因素的另一大部分——而且很可能是整个实施过程中最重要的因素。除非雇员在实施战略过程中得到真正的激励,否则他们就不会全身心投入,整个战略也可能归于失败。在为关键目标工作时几乎没有任何激励——你可曾在这样的环境中工作过? 比如,有一家金融服务公司希望通过由见多识广的客户互动人员提供的高品质理财服务来使自己与当地对手有所差异。在这个领域,大部分公司提供的基本上是相同的产品和服务,而这种战略的目标就是要吸引最有价值的客户(即高资本净值的个人与公司)。为了实施这样一个战略,该公司需要在理财方面有坚实培训和丰富经验的人员。不幸的是,该公司的激励机制无法支撑这个战略。受过高级培训的员工并不比同事拿更高的工资;经验丰富也不会有高回报。结果,培训程度高和经验丰富的客户互动人员一个接一个地跳槽到其他公司——在那里他们的技能能赚到更高的工资。替代他们的是经验不足的人员,而这肯定会危及公司的战略。(欲进一步了解战略制定-实施不一致的情形,请参考"言-行问题"。)

战略实施的最好保证是一个能将员工利益与战略成功一致起来的奖赏体系。这其实只是常识而已。要做到这一点,每一个单位、每一个员工都应该有可衡量的业绩目标,以及定义清晰的目标实现奖赏。而且奖赏应该有足够分量,让员工付出相应的努力。

你的公司在战略的人员部分做得怎样？公司的激励机制和人力资源行为是否以可衡量的方式支撑公司的战略？公司招聘与培训的目标是否是将拥有合适技能的人放置到合适的、能改变状况的职位上？你的公司是否存在言-行问题？

言-行问题

激励与战略之间的不一致常常来自美世人力资源咨询公司的专家所谓的"言-行问题"。公司说一套,做一套。在一项人力资本衡量研究中,这些专家引用了一个高科技公司的案例,这家公司表面上鼓吹其工资与业绩挂钩的政策,但实际上,对公司的人力资源数据进行考察之后发现情况完全相反:只有5％的工资与业绩直接挂钩。事实上,业绩最低的员工所拿的年终奖金总额与公司业绩最高的员工没有什么差别。

其他公司里也能找到类似的言-行问题。每一例中都会发现,激励机制无法支撑明确的公司战略和目标。你的公司是否也存在言-行问题呢？

来源:黑格·纳尔班蒂安(Haig Nalbantian)、理查德·古索(Richard Guzzo)、戴夫·基弗(Dave Kieffer)和杰伊·多尔蒂(Jay Doherty),《利用你的优势》(*Play to Your Strengths*,New York: McGraw-Hill, 2004),36-43 页。

寻求一致

支撑性活动

人力资源方面的不一致是战略有效实施的常见障碍。但还有其他的障碍，包括那些很少有人认为可能影响到特定战略成功与否的活动。哈佛教授大卫·柯林斯和辛西娅·蒙哥马利认为，公司层次的战略"是由许多独立组成部分构成的一个体系。其成功不仅取决于单个因素的质量，更取决于这些因素是如何相互强化的"。[5]迈克尔·波特曾用美国西南航空公司的例子来说明，当许多看起来毫不相干的活动相互强化并巩固整个战略时，成功就更有可能降临。"西南航空的……竞争优势来自其相互匹配的支撑性活动"。[6]比如，公司的战略是要在低价和高频率班次的基础上参与竞争。正如图5-2所示，许多主要的活动使该战略具备可行性，而这些活动又得到了其他活动的支持。比如，将票价维持在较低水平是其战略的主要活动之一。这又得到了支持，比如飞机的高利用率、对旅行社的限制、标准化的飞机编队、高效率的地勤人员等等。这些连接性活动中任何一项缺失都会将西南航空的低成本战略置于危险境地。但结合在一起，它们却能让战略得以实施。西南航空的许多传统竞争对手中不时有公司效仿这种战略，和它一样提供低廉票价和高频率班次，但是因为它们缺乏这些支持性活动，所以最终都失败了。波特认为："西南航空的活动相互补足，这就产生了真正的经济价值……这就是战略协调如何创造竞争优势和高额利润的。"[7]

　　花一分钟审视一下你的战略，然后问问自己，企业其他关键活动对此战略的支持情况如何？比如，如果迅速、准确的供货是你战略中的关键因素——就好像上面描述的赫尔曼·米勒公司一样——你可能需要协调销售、订单处理、制造以及送货活动，然后还要确保每个环节不出现错误，不浪费时间。招聘、培训、后勤、定价和其他活动是否构成了一个支撑战略的联锁体系？如果没有，如何更有效地将战略与这些支撑性活动连接起来？

组织结构

　　成功的军事领袖总是根据战场优势来组织力量。比如，二战初期，德国陆军指挥官采用了一种叫做"blitzkrieg"的战略——高度运动战或闪电战。这种战略的目的就是要对付比利时和法国从一战以来就采取的静态壕沟防御战略。这种德国新战略的关键要素包括速度、出其不意、空中支援以及快速装甲部队的集中力量。德国人没有采用漫长的消耗战对固定防御工事中的敌人进行缓慢的围攻——一战的交战双方采用的正是这种策略，相反，他们的目的是穿透或者绕过固定工事，在敌人的后方制造混乱乃至使其崩溃。有时候，他们还会将空降兵投放到敌人后方或侧翼，以达到相似的效果。

　　这种新的战场策略要求一种新的组织方式。传统的组织方式

寻求一致

略ABC

是部署一支小型装甲部队以支援规模庞大的步兵,而这时,两者的角色颠倒了过来。装甲部队是矛的尖端;步兵、炮兵和后勤部队则成为支援单位。所有的支援单位都实现了机械化,以配合快速装甲部队,而且所有单位都通过战场通讯系统连成一体。

图 5－2　西南航空公司的活动体系

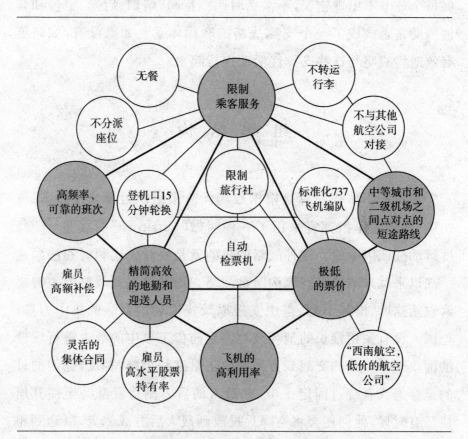

来源:迈克尔·E.波特,"何为战略",《哈佛商业评论》,1996 年 11-12 月,73 页,此处引用已经作者许可。

　　闪电战略是德国在二战早期不断胜利的主要原因。美国将军乔治·巴顿(George Patton)在盟军中第一个认识到其力量,而且,正是他重新组织了自己的部队,使之能够在北非、西西里和法国与机动的德国陆军匹敌并最终将对手打败。

　　尽管商家喜欢在自己所做的事情里寻找能与军事战略类比的东西,但商业毕竟不是战争。不过,军队重新组织人员与资源以支持新战略的做法却很有教益,很有用。我们之前讲述的赫尔曼·米勒公司的故事清楚地表明,如果这个公司没有重新组织其人力、供货和制造资产,那么其快速、可靠递送大众化办公装备和家具的战略就无法成功。和其他追求灵活与速度的企业一样,米勒公司必须将整个工作转变为一种精简的非等级组织,这样生产决策能够迅速达成,而且能得到有效的监控。

　　那么,现在请花一两分钟来思考一下你的公司的组织方式。公司的员工、资源和部门都与公司战略保持一致吗?你所在的部门情况又如何?公司战略中已经为你的部门设定了目标——这也是你将为高层战略所作的贡献。你的部门组织是否已经优化以实现这些目标?如果没有,怎样才能使之优化?

文化与领导

　　战略实施中最后需要考虑的因素是文化与领导。这两方面都应该支撑公司战略以及实施战略的日常业务。

寻求一致

　　商业著作中经常提及公司文化。比如,我们已经有很多文献讨论 3M 革新文化及其 15% 规则,这种文化使研发人员能够将 15% 的时间投入到任何他们感兴趣的理念上面——只要这些理念具备某种商业价值。我们也曾听闻沃尔玛的文化,也就是一心一意让客户满意并降低成本。然后就是易趣网的比较调侃、大众的"世上无难事"文化。

　　文化指的是一个公司的价值观、传统和经营风格。公司的许多品质都很模糊,难以衡量,无法精确描述,文化便是其中之一,但它确实存在,而且为管理与员工行为定下基调。从某种意义上来说,这个术语描述的是人们看待工作场所、做事情的方式。某个公司可能非常男性化,以技术为导向,为自己的技术革新与解决问题的能力而自豪,以一种指挥-控制的风格经营整个公司。而另一个公司则完全不同,其文化可能是中性的,认为服务质量高于一切,以一种平等的、非等级的方式管理公司。

　　了解某个公司文化的方法之一就是问这样的问题:"你们公司的英雄是谁,人们津津乐道的是他们的哪些故事?"这些英雄可能是超级销售员,也可能是大师级的管理者,比如通用汽车公司的阿尔弗雷德·斯隆(Alfred Sloan)。位于圣保罗的 3M 公司将迪克·德鲁(Dick Drew)和威廉·麦克奈特(William McKnight)视为自己的英雄。尽管这两人几十年前就已经见不到他们的身影,但现在的员工都知道他们是什么人,了解他们对公司的贡献,而且现在还在讲述着他们的故事。

　　迪克·德鲁是一位成绩卓著的发明家,在 20 世纪 20 年代到

30年代曾开发出玻璃布遮蔽胶带,他了解客户的问题,并能为之找到有利可图的技术解决方案。威廉·麦克奈特一生的事业都是在为公司服务(1907~1966),由一名助理记账员最终提升到公司总裁乃至董事长。麦克奈特对3M传统作出的巨大贡献主要在于其作为商业哲学家为公司提供了许多管理原则,至今仍指导着公司的运作。他这样描述自己的哲学理念:

> 随着企业成长,我们发现越来越有必要赋予员工以一种责任感,鼓励他们发挥自己的创造力。这一点要求有相当的容忍能力。那些我们给予权威与责任的员工——如果他们是优秀的——就会希望以自己的方式做好工作。
>
> 必然会出现错误。但是如果某个人的出发点是正确的,那么他所犯的错误就不是那么严重。管理层如果事无巨细地告诉下面的主管他们必须怎样进行工作,那错误其实更严重。
>
> 在出现错误时,管理层如果持一种破坏性的批评态度,就会极大地打消员工的创造性。而如果我们希望继续成长,有一点很关键,那就是我们要拥有很多具有创造性的人才。[8]

文化有强有弱。强势文化很难改变,往往需要巨大的努力、漫长的时间,还会造成严重的破坏。因此,拥有强势文化的公司往往选择与其文化相一致的战略。不这样做就可能导致战略实施上的问题。比如,对于3M、惠普、诺基亚和西门子来说,坚持与其技术革新文化相一致的战略是非常明智的。它们的文化自然会支撑战略实施的过程。然而,处于竞争死胡同的公司可能不得不采取与现有公司文化相左的战略。传统航空公司(美国联合航空公司、英

国海外航空公司、美国三角洲航空公司等）的案例很能说明问题，这些公司必须改变战略，否则就只能走向破败。但是它们所面临的战略抉择却要求它们作出更加困难的公司文化变革。对某些人来说，争论不休的劳资关系的这种"两军对垒"文化应该将让位于更具合作性的文化。在这些范例当中，文化与战略都要重新制定——真的是个难题。

　　改变公司文化，使之与公司战略保持一致——这是首席执行官和高级管理层的责任，是一个由上而下的工作。下面这些理念可以帮助你进行这项任务：

● 确认文化中哪些部分为支撑战略实施而必须作出改变——比如，产品质量、更关注客户、摒弃指挥-控制管理体系。关注这些部分，其他不太关键的部分就放在一边。你所能做的只有这些。

● 为员工树立典范，身体力行那些你希望员工接受的行为方式与价值观。比如，假如你希望更关注客户，那你应该大张旗鼓地花费更多时间去拜访客户。将最富有想象力、要求最挑剔的客户请到公司来与员工一起参加中心小组讨论。如果需要采取一种低成本战略模型，那么，在要求员工削减商务旅行和娱乐费用之前，自己先身体力行。记住，人们都在观察你的行为举止。

● 让员工参加"集会"论坛，让他们认同变革，让他们能全身心参与变革。在领导层与普通员工之间建立一种个人纽带非常关键。

● 当变革的里程目标达到时,举办庆祝活动。

● 设定优秀业绩标准。

● 达成目标时,对员工进行奖励。

　　你的公司与既定战略之间达到了何种程度的一致?你是否拥有合适的人才和清晰的激励制度?你的组织结构方式是否支撑这种战略?其他关键活动是否支撑该战略?你的企业文化与企业战略是否契合?表5-1是一份自查表,用来回顾本章中解释的各种一致性概念,并对上述问题进行解答。

表5-1　一致性自查表

		是	否
人员	我们的员工拥有必要的技能确保战略成功实施		
	他们支持该战略		
	他们的态度与公司战略一致		
	他们拥有必要的资源以确保成功		
激励机制	我们的奖励机制与公司战略一致		
	每个人都有与公司战略一致的业绩目标		
结构	部门组织已经得到优化,能够支撑公司战略		
支撑性活动	我们所做的许多事情——定价、与客户打交道的方式、供货等——都支撑公司战略		
文化	我们的文化和战略相互匹配		

　　如果答案为"否",要将具体问题写下来,并写下整改的措施:

寻求一致

小　　结

● 战略实施指的是将战略意图转化为成果行动的具体措施，要求管理层持续关注各个层次的活动。

● 成功的战略与一组连贯的、相互强化的支撑性活动和结构是保持一致的。

● 一致性指的是这样一种状态，也就是所有的组织结构、辅助体系、过程、人员技巧、资源和激励制度都支撑着战略目标。

● 要确保你的员工拥有能使战略成功实施的技能、资源和态度。

● 诸如定价、营销、供货之类的活动应该支撑企业战略。

● 企业组织方式应该与战略目标保持一致。

● 企业文化应该适合企业战略——反之亦然。

略ABC

6 行动计划

6 行动计划
——战略实施体系

本章主要话题包括：

● 确定目标

● 采用业绩衡量措施

● 确定达到目标的各种因素：谁、什么事、何时

● 确定完成工作所需的资源层次与种类

● 确认部门与外部实体之间的重要联锁关系

● 对计划的结果进行财务预测

将战略计划转变为部门执行层次的行动计划才能确保战略成功实施。行动计划必须通过实际步骤来规划关键的战略目标，对各时期的进步进行衡量，确保员工拥有必需的资源，并确保一切都走在正轨上。

行动计划是战略计划与实施交汇的地方，也是中层管理人员能真正为企业成功作出重大贡献的地方。本章将制订行动计划的过程分割成几个关键步骤。解释完每一个步骤之后，我们会给大家展示一个公司正式行动计划的范例。你可以将它作为自己制订行动计划的原型。[1]

从战略计划到部门行动计划

行动计划指的是这样一份文件,开篇是战略目标,然后确定达到这些目标所需的所有步骤。它可以图表的形式表示出来,如图6-1。如图所示,公司三大部门都已经清楚各自对公司战略目标的特殊贡献。然后,这些贡献又转化为下层部门的目标,每一个下层部门都将通过一组可衡量的行动步骤实现这些目标。请看下面的例子:

"脚踏自行车公司"(PBC)制定了一项新战略,目的是在零碎的北美自行车市场扩大销路。其目标是利润较高的高端街头脚踏车。PBC的自行车设计将面对那些对质量比较敏感的成人用户,他们经常骑车上班,骑车去处理杂事,或者就是单纯喜欢骑车。因此,PBC的自行车会做得比较结实,配备防穿孔的宽轮胎、链罩(以防止裤子沾上链条上的油)和可拆卸的挡雨板。比赛用车、山地车和儿童车都不在其目标市场之内。战略的单位销售目标是到第三年底销售400 000辆。

为了进一步凸显自己,新PBC产品还将采用一种模块化的设计,使客户和经销商能够定制产品,并能实现快速送货。这种定制战略曾被一家亚洲制造商成功地运用在日本和韩国,但是还没有在北美的PBC目标市场中应用过。

战略实施体系

虽然 PBC 的每一个部门都必须通过具体实施计划支撑该战略,但是受影响最大的是三个部门:产品开发部、销售与市场部以及制造部。产品开发部为自己设定了四个目标:

1. 在 2006 年 1 月 2 日前与市场部一起确定客户要求和定价限制。

2. 在目标一的成果基础之上,于 2006 年 4 月 1 日前设计三种供市场测试的产品原型。

3. 在目标二的成果基础之上,于 2006 年 8 月 1 日前制定三种用户定制产品模型的制造规范。

4. 同时与制造部门合作研究设计的制造可行性。交付一份不超过 60 个零部件的清单,这些零部件能够组装成数千种各具特色的自行车。期限:2006 年 10 月 1 日。

请注意该案例中 PBC 的产品开发部是如何将公司战略目标转化成具体的、可衡量的部门目标的。接下来,产品开发部经理和他的小组将会围绕每一个目标制订具体的行动计划。销售与市场部、制造部以及其他操作部门也会进行类似的工作,然后,产品开发部、销售与市场部以及制造部的目标集合起来便累积成一份完整的战略实施计划。

图6-1 部门目标、结构与行动计划

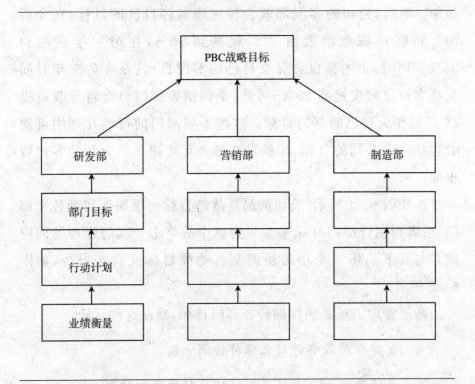

设 定 目 标

公司的任务与战略目标自然是制订下层公司和部门目标的出发点。前者应该确定在比较长的一段时间里公司作为一个整体如何为其工作指明方向。个体部门得到整个公司的战略目标，然后将之分解成有清晰对象和业绩衡量标准的部门目标。假设，一家

战略实施体系

直邮运动用品公司设定其战略目标为:在三年内占据 15% 的市场份额。然后,公司的客服部就会相应地制订自己的目标:在今后两年将客户满意指数由 73% 提高到 90%,在第三年底达到95%。同时,市场部也会提交自己的部门目标:在今后三年时间里将客户忠诚度提高 20%;另外,全国销售部门也会将年收益提高 15% 作为自己的部门目标。这些不同部门的行动计划中可能会包括一个共同的目标,那就是在第一年底建立一个新的客户数据库。

正如图 6-1 所示,公司的最高战略目标一层层落实到各个部门,后者则制订部门目标来参与到整个战略中。部门经理的回应则是与其下的每一个小组协商制订业绩目标或直接报告,如图6-2 所示。

高层管理人员必须仔细检查部门目标,确保这些目标:

● 支撑公司战略并与之保持协调一致。

● 共同构成一个实现公司战略目标的全面计划。

管理层必须警惕那些与公司目标及其他部门目标相矛盾的部门目标,还必须确保所有实现公司目标的活动都包含在总体部门计划之中。

图 6-2　将公司、部门及小组/个人目标连接起来

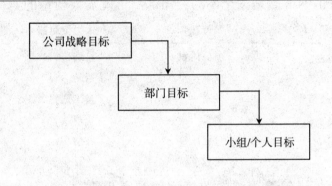

制定业绩衡量标准

　　目标以及实现目标的计划已经确定,你的部门就必须在这些目标的指导下寻找衡量自己业绩的方式。衡量标准应该有说服力,应该很清晰——比如,"今后五年在拉丁美洲国家的市场渗透率每年提高10%"。衡量标准还应该对准那些你确实能够衡量、却又不至于花费太大的因素。比如在上例中,你可能会问:"我们真的能在预算范围内准确地衡量在拉美的市场渗透率吗? 这可是块大陆啊,有很多地方市场和区域市场。"

　　衡量业绩有很多方式。管理人员通常将会计衡量尺度作为业绩指标。其中的关键指标包括销售收益、员工平均销售额、毛利润、利润率、投资资本回报率和资产回报率。这些指标在企业层次

战略实施体系

· 99 ·

很有效,但是作为指标来将部门业绩与行动计划进行对照衡量就不那么管用了。下面是三个不同公司部门可能需要衡量的业绩领域:

市场部	制造部	人力资源部
销售	单位体积	培训
市场份额	成本	招聘
新产品销售	效率	员工更替
定价	质量	合规性
营销	过程改善	补偿/薪水
	过程革新	

　　某个部门关键领域的业绩评估结果出来之后,下一步工作就是确定如何来衡量成功与否。在上述衡量标准基础之上,部门的目标可以得到定义。比如,对一个制造部门来说,两个关键业绩领域及其相应的衡量标准和目标如下:

关键业绩领域	衡量标准	目标
成本	单位成本	·到第一年年底以前,单位成本为 79.50 美元 ·到第二年年底以前,单位成本为 71.00 美元
	单个员工年生产单位数量	·到第一年年底以前,单个员工年生产单位数量为 15 000 ·到第二年年底以前,单个员工年生产单位数量为 24 000
安全	年工作时间损失量(小时)	·到第一年年底以前,年工作时间损失量为 25 小时 ·到第二年年底以前,年工作时间损失量为 10 小时
	工厂安全指数	·到第一年年底以前,工厂安全指数为 94 ·到第二年年底以前,工厂安全指数为 98

不管你的公司或部门使用哪一种业绩衡量体系,你的衡量标准都必须具体、可测定、可实现、符合实情且受时间限制。下面有一些符合这些条件的衡量标准,以及一些不合这些条件的标准:

好的衡量标准	不太好的衡量标准
在接下来的三年中增加 20 名新的系统工程师,要能够处理这种新的编程语言。第一年,增加两名;第二年,增加九名;第三年,增加九名。	增加 20 名新的系统工程师,要能够处理这种新的高级编程语言。(不具体,不可测定,不受时间限制。)
在接下来的三年中每年增加 10％的销售额。	在下一年改善销售情况。(不具体,不可测定。)
在接下来的两年中,将客服电话的平均持续时间缩短 40％。	在下一年将客服电话的平均持续时间缩短 90％。(可能不可实现或不合实情。)

规划行动步骤

具体、可测定、可实现、符合实情且受时间限制的目标分配到部门层次之后,问题就变成:我们如何实现这些目标? 答案是:通过行动步骤来实现。行动步骤指的是在执行一项战略活动并达到既定目标过程中所牵涉的几种因素:"谁"、"什么事"、"何时"。这些步骤总合在一起应该就能完成工作。

在接受目标任务时,应该问这样一个问题:应该采取哪些步骤来达成我们的目标? 找到答案之后,再就每一个步骤问这样一个问题:这个步骤是否还能再细分成子步骤? 反复地就各个步骤及其子步骤问这同一个问题,直到再也不能细分为止。到这个时候,

你就应该已经确定下了所有的行动步骤。项目经理在整个规划过程都会使用这种方法,确保自己已经仔细考察了整个工作及其相关的任务。他们使用术语"工作分解结构法"来指代这种方法。他们还会走得更远,预测每一个步骤所需的时间。下面仍是那家自行车公司的范例;本例中只有一个主要步骤,然后细分成子步骤,每一步都有预计的执行持续时间。(注:本书附录中有一份工作分解结构法的空白工作表格。也可以从"哈佛商务指南"网站下载电子版:www. elearning. hbsp. org/businesstools。)

主要步骤 (或任务)	一级子步骤	二级子步骤	二级子步骤的持续 时间(小时)
测试自行车原型	选择测试人员	确定 12 名可能的测试 人员	5
		要求并确认参与测试	4
	设定测试路线	确定测试哪种特性以 及测试方式	2
		确定一条客观的测试 路线	3

　　每一个步骤都应该有一个"负责人",并公开表示愿意负责这个步骤。缺乏明确负责人的步骤常常进行得很随意,或者就是没有完成。

确定所需的资源

　　如果行动计划没有确定部门实施某部分战略所需的资源,那这个计划就是不完整的。行动计划资源一般包括下面这些:

- 人员   · 资金(每一预算)
- 技术   · 办公空间
- 其他部门的支持   · 战略伙伴
- 时间   · 培训

　　管理人员经常低估自己的资源需求。那些没有确定实际需要或试图走捷径的人很可能会因为资源太缺乏而无法成功地执行他们的计划。在评估所需资源时,经理可以问下面这些问题:

●　这个新的行动计划会在何种程度上影响我这个小组的日常工作?

●　现有的资源能否应付日常的业务以及这个行动计划?

●　如果不行,我们还需要哪些额外的资源?

●　我的员工还需要哪些新技能来执行这个计划?

●　需要怎样的培训,花费是多少?

●　我们需要怎样的新系统或新技术来支撑这个新计划? 花费是多少?

　　在考虑你部门所需的资源时,记住不可只关注今天的需要,还要考虑到未来几年可能需要的资源。预测未来所需的技艺和能力,然后为"明天"而招聘——这个部门就能够与市场保持同步,获得竞争优势。比如,假设贵公司的长期战略要求各部门利用某种新兴技术——并设计使用该技术的新产品。你预料到一年之后,公司需要你的部门员工掌握应用这种技术的能力。这种情况下,

战略实施体系

你可以现在就开始对某些员工进行该项技术的培训,从而为以后可能出现的工作奠定基础。

鉴别连锁关系

没有哪个部门能够在孤立中有效地工作。它们需要与别人合作——公司内部和外部的——来达到目标。我们将这些不同职能部门之间的合作点称为连锁关系。在公司组织图中你找不到这些连锁关系,但是它们在实际工作中却发挥着重要的作用。连锁关系有很多表现形式,包括特别工作小组、跨部门小组或某个部门内部一起工作的个人。现在,商业组织中越来越多的工作都是通过连锁关系完成的。

连锁关系会造成两种不同的交流:给予和接受。有时,某些部门需要接受其他部门的工作才能完成其行动计划;有时,某些部门又需要将工作交给其他部门使后者能够完成其行动计划。通常,几个小组需要共同合作才能完成某一项战略活动,那么它们之间的这种连锁关系就比较紧密。比如,假设我们的公司需要在接下来的五年中将注意力放在市场份额上,目标是将市场份额提高30%。公司的这一目标会对公司内部许多(如果不是全部的话)部门造成影响。在制订行动计划时,企业内部的所有部门都会发现需要合作才能实施彼此的计划。下面是一些可能的连锁关系:

如果你的部门是……	你可能需要……	来帮助你……
销售部	人力资源部	设计一系列关于有效交叉销售的课程
市场部	信息技术部	建立一个客户数据库来区别各个细分市场
产品开发部	财务	澄清新的商业模式

随着单位、部门之间的合作逐渐增多,公司常常会成立跨部门小组,成员由来自不同部门的代表组成,这些部门之间有着连锁利益与责任。在借鉴上面这个表格的基础上,某个公司可能会认识到,其目标要求它建立一个跨部门小组。在这种情况下,这个小组可能由市场部的人领导,成员则包括产品开发部、销售部和信息技术部的人。该小组还可能会根据需要吸收来自财务部和人力资源部的人,将之作为列席成员。

跨部门小组成立之后,他们通常会制定一份规章,确定小组的角色、责任、关键人物、服务提供和决策过程。

连锁关系将管理控制、资源分配和责任变得复杂化。管理层常常觉得连锁关系极富挑战性,原因很简单——对牵涉其中的人员,他们并没有任何正式的权威性。比如,一个跨部门小组可能由某个部门的代表领导,但是这个人却没有任何权力来约束或奖励其成员——某些成员在公司里的级别甚至比他还高。他的领导权中并没有正式的权力或威信。至于资源,人们必须依赖连锁关系小组的每一个成员,确保他们共同的资源能够应付他们的工作。这一切都应该在制订计划的初期就确定下来。

战略实施体系

为了保证责任明确,管理层最好将连锁小组所有的需求、期望和责任记录成文。如果无法达成一个连锁关系协议,那么它就应该被视作行动计划中的风险领域。

无法就连锁安排达成共识,那就可能使之成为企业内部各部门之间发生冲突的源泉之一——尤其是在资源比较紧缺的时候。比如,市场部的一位经理可能会找到信息系统部的领导那里,向他解释说自己需要帮助:

> "我们需要一个数据库,用来跟踪所有的客户以及在我们称之为'活跃中年人'细分市场中的所有交易。我们的目标是在接下来的两年中以25%的增幅拓展该市场。我们已经建立了一个特别小组来实现这个目标,你们是否也能派一个人来成为该小组的正式成员?我们的计划是在下一年每两周开一次例会。"

但是信息系统部门的领导却可能这样回答:

> "我很想帮你,但不瞒你说,我实在匀不出人手。你知道,我们也有自己的目标。"

实施过程中出现的矛盾要立刻找到并解决,以确保行动计划的顺利执行。("制订行动计划的技巧"提供了更多的建议,让你能够制订一个可以避免这些问题的计划。)

制订行动计划的技巧

- **尽量简洁。**过于复杂的计划只会导致混乱和挫败感。因此,如果你的活动流程图看起来像是为航天飞船准备的书面图表,那最好进行修改,尽量简洁、连贯。

- **让计划执行人员参与计划制订。**如果计划不是简单地强加给员工、要求他们推动计划的话,那么计划的实施就更有可能成功。如果实施者也参与到行动计划的制订过程中来,他们就会更加努力地使之获得成功。还要牢记,完全由高层战略制订者设定的计划很有可能不能反映企业的现实情况,也不能反映企业所能达到的成就,所以最好将计划建立在来自前线的员工的意见之上——他们才是真正做事的人。

- **将计划分割成可实现的许多部分。**野心太盛的计划常常逃不开失败的命运。人们看到这个计划会说:"我们永远做不到——一辈子也做不到。"从一开始这计划就已经失败了。因此要制订一个可管理、可实现的行动计划。

- **具体指定角色和责任。**和所有的事情一样,行动计划也应该详细、清楚地说明各种角色和责任。任何计划造成的结果都应该能归结到一个或多个人的责任范围内。这些人应该公开宣布自己接受他们的角色。这样做既可将之记录在案,更可以让他们为结果负起责任来。

- **赋予计划灵活性。**商业战略很少遵循计划轨道或时间表发展。竞争对手会反击。客户不一定按照我们预想的方式行事。总会有坏事情发生。因此,一个好的实施计划应该是一份可以修改的活的文件。企业如果锁定在刻板的日程、目标和行动上面,则最终会发现自己已经游离在变化多端的世界之外,而生意又必须在这个世界中进行。

战略实施体系

预计财务影响

　　部门行动计划的最后一部分是对与计划相关的成本进行预计。比如,如果客服部的目标是将客户满意指数提高 10%,而且它还知道,它需要增加两个员工,需要对每一个与客户接触的员工进行培训,那么客服部就应该对额外成本进行完全预计。有些部门,比如销售部,还应该预计计划实施过程的累积收益以及获取这种收益的累积成本。

行动计划样本

　　既然我们已经讨论了部门行动计划的所有关键组成部分,现在我们就来将之糅合成一份样本,在这里我们以一家电子产品公司的制造部为例。

　　目标。建设长期制造设施用来:
- 满足 2007～2013 年的预期需求;
- 为新产品的测试与制造提供场所;
- 在质量、成本和客服上实现巨大的改善。

　　业绩衡量标准。确定有说服力的、清晰的业绩衡量标准。
- 第一年:年底完成设计阶段,开始建造。

- 第二年：年底完成建造和预生产。
- 第三年：实现初步生产效率，以每单位 0.325 美元的成本每年生产 177 000 000 单位。

行动步骤。将你的计划分割成可实现的行动步骤。（为展示方便，下面这些步骤已经简化。）

第一年

什么事	谁	何时
确定工厂设计具体规程	制造部小组，工程部带领	2005 年 10 月
批准具体规程	高级管理层	2005 年 12 月
流程图与生产系统设计，成本核算	制造部小组，工程部与财务部带领	2006 年 4 月
招标用详细图纸，成本核算	制造部小组，工程部与财务部带领	2006 年 7 月
批准	高级管理层	2006 年 8 月
招标	采购部与建设部	2006 年 10 月
开始建设	制造部与工程部的建设小组接管	2006 年 12 月

资源。招聘一名全职建设经理，奠基之后招聘两名工厂经理，招聘三名助理以协助其工作。

连锁关系。确认各部门必须合作的方式。（为展示方便，下表已经简化。）

制造部与……合作	来……	何时
建设部	管理整个建设过程	2007 年 1 月开始
法律部	处理所有的执照、责任鉴定和保险	2006 年 12 月开始
客户部	组成客户服务委员会以设计订单出货系统	2006 年 5 月开始

战略实施体系

财政影响预估。进行长期预估,包括详细的成本与收益。

成本:
$$支出资本=125\,000\,000\ 美元$$
$$资本=125\,000\,000\ 美元$$
$$设备=250\,000\,000\ 美元$$
$$总投资=500\,000\,000\ 美元$$

		第一年	第二年	第三年
收益	价格/单位	0.425 美元	0.400 美元	0.350 美元
(新工厂)	成本/单位	0.325 美元	0.270 美元	0.180 美元
	单位	177 000 000 美元	525 000 000 美元	700 000 000 美元
	收益	75 000 000 美元	210 000 000 美元	500 000 000 美元

　　正如你所看到的,行动计划是一种完成大型工作的方法,一种理性的、堆积木式的方法。它开始于最高端的问题:我们希望成就什么? 然后系统地将所有资源收集到一起,创建完成目标所需的各种机制。

　　不幸的是,即便是考虑最周全的行动计划在无法预见的突发事件、冲突和人员问题面前仍然很脆弱,仍然可能偏离正轨。管理者的工作就是确保行动计划始终走在正轨上,始终与战略保持一致。这将是我们下一章的主题。

小　　结

● 一份战略实施行动计划始于战略目标,并确定达到目标所需的所有步骤。

● 行动计划的制订始于高层,后者制订公司目标,然后向下延伸到整个公司,这个过程定义的是可衡量的行动步骤,部门及下级部门借助这些步骤为高层目标作出自己的贡献。

● 要将公司的任务和战略目标作为制订子公司和部门层次目标的自然出发点。

● 目标以及实现目标的计划一经确定,你的部门就必须在这些目标的指导下寻找衡量自己业绩的方式。衡量标准应该具体、可测定、可实现、符合实情且受时间限制。

● 实现目标的最好方式是通过战略步骤一步步达成——也就是在执行一项战略活动并达到既定目标过程中所牵涉的几种因素:"谁"、"什么事"、"何时"。这些步骤总合在一起应该就能完成工作。

● 每一个步骤都应该有一个"所有者",并公开表示愿意负责这个步骤。缺乏明确所有者的步骤常常进行得很随意,或者就是没有完成。

战略实施体系

· 111 ·

- 如果你是某个行动步骤的"所有者",一定要确保你拥有完成工作所需的所有资源（时间、资金、人力、培训等）。

- 企业的大多数工作都牵涉到连锁关系,也就是跨部门合作。

- 要对与计划相关的成本进行预计。

哈佛商务指南

略ABC

7 如何确保计划顺利生效

7 如何确保计划顺利生效
——察觉偏离计划的行为并作出反应

本章主要话题包括：

- 成功实施战略的一个实用模型

- 运用进展回顾来监控实施过程

- 总裁与经理非正式检查的价值

- 实施失败的一些常见原因

- 怎样制订应急计划来应对可能的挫败

设定然后忘记？你可以这样设定闹钟，但是在战略实施时却不行。行动计划为实现具体目标提供了指导，但是人们并不总是会照指示行事，也有可能误解指示，或者这些指示无法应对所有的工作及市场情况，又或者是环境出现了——对此你无法控制——某些改变。没有哪个行动计划能预见到战略实施的漫长时间里人们可能会遭遇的许多障碍和环境变化。因此，中途的调整与管理层的介入就不可避免，又不可或缺。本章将为确保顺利实施战略提供一些建议。[1]

确保计划顺利生效的模型

　　并不是每一个战略计划都能成功。在新战略项目启动几个月之后，管理层和员工都可能会意识到事情的发展和预期并不一样。有些目标没有实现。财务结果和战略制定者的预期数字相去甚远。大家的第一反应是责备新战略和战略制定者："什么鬼东西让他们认为这个战略会将我们提升到一个更强大的地位？"确实，计划本身可能考虑得不太完善，但同样有可能是因为实施过程偏离了轨道。拉里·博西迪（Larry Bossidy）和拉姆·查兰（Ram Charan）在其广受欢迎的著作《执行》（Execution）中这样写道："战略本身往往不是原因所在。战略之所以失败，大多数情况下都是因为执行得不好。"[2]

　　如果你入行有一段时间了，你应该能回忆起几个没有完成承诺的战略项目来。是什么导致这些计划辜负众望？问题出在战略上还是在实施该战略的公司上？

　　假设某个公司已经成功地围绕每一个战略目标制订了行动计划，那么通过对计划实施的密切跟踪和对突发问题的冷静应对，它就应该能够避免失败。如果能够在小问题和突发情况演变成大问题之前就及时发现它们，那么公司返回正轨的几率就要大得多。图 7-1 是一个发现并解决问题的简单模型。在该模型中，不同级别的管理层都不断地在判别是否出现了背离行动计划的事情，以

察觉偏离计划的行为并作出反应

及没有达到预期目标的子计划。判别工具包括：

- 每一个行动计划内含的业绩衡量标准

- 定期进度回顾

- 工作现场员工的非正式报告

- 管理人员"四处走动"所获得的直接观察

判别能产生数据，借此管理层和实施小组就能对形势进行评估。哪里出问题了？实施过程中的问题的根本原因是什么？评估自然就会导向可能的解决方案。实施者之间进行自由讨论常常能够找到解决问题、清除障碍的一种或多种方法。下面的步骤就是寻找并执行最可能让实施过程回到正轨的解决方案。

进 度 回 顾

定期进度回顾是监控实施过程的强有力工具之一。运用内含在每一个行动步骤中的业绩衡量标准进行回顾使管理层能够判定员工计划执行的情况如何。看看下面这个范例，仍是上一章中我们遇到过的自行车制造商：

图 7 - 1   发现并解决实施过程中的问题

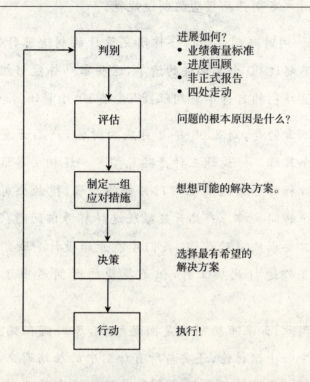

判别	进展如何？ • 业绩衡量标准 • 进度回顾 • 非正式报告 • 四处走动
评估	问题的根本原因是什么？
制定一组应对措施	想想可能的解决方案。
决策	选择最有希望的解决方案
行动	执行！

　　"脚踏自行车公司"(PBC)三个月前启动了其开发、销售定制成人街头脚踏车的新战略。作为该战略的一部分,产品开发部制订了由四个目标组成的行动计划:

　　1. 在 2006 年 1 月 2 日前与市场部一起确定客户要求和定价限制。

　　2. 在目标一的成果基础之上,于 2006 年 4 月 1 日前设计三种供市场测试的产品原型。

3. 在目标二的成果基础之上，于 2006 年 8 月 1 日前制定三种用户定制产品模型的制造规范。

4. 同时与制造部门合作研究设计的制造可行性。交付：一份不超过 60 个零部件的清单，这些零部件能够组装成数千种各具特色的自行车。期限：2006 年 10 月 1 日。

不幸的是，到 2006 年 2 月底的时候，产品开发部离完成第二个目标——设计三种产品原型——还相去甚远。达不到这个目标将会推迟其他部门目标的日程，搅乱公司拓展市场的整个时间安排。产品开发经理这样解释该问题："只有获得对客户要求的准确认识，我们才能开始设计。我们与市场部的人合作进行此项工作，但是花费的时间超出了我们的预期。"

因此，如果市场研究是问题所在，原因何在呢？"我们要举行中心小组讨论，还要与所有计划中的经销商交涉，人手实在不够，"市场部领导说，"我们在写行动计划时，各方面资源还是足够的，但后来布伦达离开了公司，我们一直都找不到合适的人选来代替她。"

该例中产品开发部和市场部所遇到的问题都有根有据。问题是，为什么这么长时间过去了，却没有及时发现并解决这些问题呢？要解决威胁 PBC 战略实施过程的这些问题，最好的方法是建立每周或每月进度回顾的机制。如果 PBC 一开始就设定这种回顾机制，那么市场部的人手短缺就能早些发现，而不会导致更大范围的、扰乱整个日程的问题出现。这种机制还能够让管理层有机会来解决这些根源性的问题。

你的公司对重要活动施加的是怎样一种监控？如果监控比较弱,最好在哪些点上对之进行强化?

用业绩衡量标准来跟踪进度

正如上一章描述过的,每一个重要的实施目标——公司和部门层次上的——应该与一个或多个业绩衡量标准挂起钩来:单位制造成本、销售代表平均销售额、完成某一商业过程的循环周期等等。而且,如前所述,每一项标准都应该有时间限制:比如,"客户要求在_____之前应该确定下来"。部门主管应该利用这些标准和期限来确定进度情况,确定哪些进度没有达到。那些昭示实施过程出现方向错误或者实施进度太慢的标准指数应该引起管理层的注意,管理层应该介入,寻找问题的原因并解决问题。而且要记住,问题早发现比晚发现要更容易解决。

季度回顾

正式的季度回顾是评估进度和确保行动计划顺利实施的另一个重要工具。通常,部门或小组向高层管理人员递交一到两页的报告,汇报他们每一项行动计划的实施情况。这些报告包括下面这些要点:

察觉偏离计划的行为并作出反应

1. 部门目前完成了哪些事情。

2. 哪些曾允诺的事情没有完成。

3. 需要解决的关键议题或问题。

4. 需要高层管理人员为该部门作出的决策或提供的资源。

5. 目标业绩(如果比较重要)。

撰写季度报告本身就能刺激部门主管密切关注实施进度。它还能让上级管理层随时了解实施过程。(请参看"不要怂恿员工掩盖问题")(注:附录包含了一份简单的项目进度工作表。你在为自己的战略实施撰写进度报告时可以考虑使用它。这份工作表可以从"哈佛商务指南"网站免费下载:www. elearning. hbsp. org/businesstools。)

不要怂恿员工掩盖问题

有些总裁明确表示,自己不愿意听到坏消息。他们告诉直接向其汇报的人:"我希望这件事能准确、准时完成。我不希望看到你进来告诉我你遇到了问题。如果有问题,解决它。如果解决不了,我会找到能解决它的人。"

这种态度也许能为总裁创造一种"严肃"形象,但是也可能使问题被掩盖起来。直接下属如果无法自己解决问题——也无法获得帮助——就会说:"一切正常,老板。"他们总会抱着希望,认为会出现奇迹扭转局面,因此他们会一直掩盖或淡化问题,直到最后无法否认问题的存在。到那时,解决问题的每一个机会都已经浪费了。

非正式检查

　　进度回顾是一种辨认实施问题的正式、系统的方法。但是由那些好奇心重、观察又细致的管理人员进行的非正式检查同样非常有价值。有一些高层管理者会错误地将一个战略项目分割成两种完全分离的活动:计划和执行。"我们这些管理人员负责所有的战略构思与计划。我们的员工则负责实施"。这种态度往往是失败的先兆。总裁与主管必须紧跟实施活动,而且要亲自去发现问题。他们不应该只等待着进度报告送到办公桌前来,还应该经常到第一线去看,同时也让员工看到自己。

　　进度报告很有用,但是却总有办法给每件事都贴上好的标签。撰写报告的人常常不愿意承认问题的存在——尤其是有希望最终克服这些问题的时候。你应该直接到现场去收集证据,亲眼看人们如何工作,聆听他们的意见,而进度报告绝对无法替代这一切。直接向操作单位的员工提问能获得你可能无法在进度报告中找到的重要信息。"事情进展如何?""你是否有实现目标所需要的资源?""有什么事情阻碍进展吗?""我能为你和你的同事提供什么帮助吗?"

　　对高层主管或管理人员来说,直接提问不需要付出太多,但是却能够发现隐藏的问题。让员工看到自己也非常有用。露面、参加小组会议、帮助完成某些比较棘手的任务以及其他形式的个人

参与行为都会很明显地让员工认为:他们正在做的工作很重要——"非常重要,连老板都下来帮助我们完成该项工作了"。经常露面也让高层管理者有机会重申该战略的本质,它为什么重要,每一个人都会从战略成功中获益。

实施失败的一些常见原因

即便是考虑最周全的行动计划仍有可能偏离正轨。下面是一些常见的原因:

计划被扩展了。 在行动计划执行的过程中,项目范围可能会增大。比如,产品开发小组可能会决定为新产品增加某些特性,或者开发额外的附加产品。将时间花费在额外特性或产品上面会占用原计划所需的资源。

矫正方法:将扩展计划的所有要求都传达到负责计划实施的主管那里。要向后者解释这些要求将会如何影响到你实施行动计划,需要怎样的额外时间与资源来保证原计划的顺利实施。这位主管要能够有权力拒绝这些扩展要求,或者将资源发放给你。如果主管认为计划扩展有必要,那么也可以将行动计划的某些部分外包出去。

计划被削减了。 项目在实施过程中可能会被削减。这样做的目的可能是为了降低成本,或者加快实施速度。这种做法可以节省资金与时间,但是同样也会导致行动计划无法达到原有的目标。

矫正方法：同样，这种性质的计划变更也应该能够在高层得到调整。如果计划削减是为了节省时间，那应该检视一下原有期限设定背后的理由。如果首席执行官说："在年底完成这项工作。"这很可能是非常随意的一个期限。年底有什么特别的吗？如果实施期限推迟几个月，公司战略会受到危害吗？如果能回答这些问题，那么实施主管就应该确定削减了但却按时完成的计划是否比推迟完成的原有计划更有价值。

资源不够。 因为员工要进行日常工作，所以在实施战略行动时很可能没有得到足够的时间。这可能是因为资源预计不准确，或者项目范围扩大了，又或者是手头的重要工作之间有冲突。不管是何种缘由，道理都是一样的：如果每个人都担负太多的工作，资源就会比较紧张。

矫正方法：灵活一些，并留有储备资源。经验老到的军事领导将部队派去作战时，总会采取这种做法。他们会假定，战斗总会造成某些无法预见的危险和机遇。因此，他们手中会握有一支储备力量，随时应付形势的发展。战略实施与此相似，因为根本无法很肯定地预见一个项目会需要怎样的资源，会出现怎样的问题。因此，管理层应该在计划中允许一定灵活度，在手中储备一定的额外资金、装备和人员。一句话：要为资源短缺作好准备。

连锁关系失效。 你的部门可能会依赖某个小组为你提供可靠方案或创造合作关系，但是这个小组可能改变其计划，于是无法完成它对你应尽的义务。很多时候，这种情况之所以出现，是因为这个小组的主管无法匀出必要的资源，或者是有其他更重要的工作。

察觉偏离计划的行为并作出反应

有时候,原因则是在行动计划的制订阶段就忽视了这种连锁关系。

部门间的合作往往都会成为问题,除非这些部门经常合作。合作问题的原因包括以下这些:

- 交流不畅("我们不知道他们需要什么。")

- 目标或工作重心不一致

- 部门主管之间关系不合

- 工作风格不同(比如,一个部门比较富有冒险精神;另一个则比较官僚化)

- 缺乏合作动力

矫正方法:交流。上级管理者应该清楚明确地表示:"这项战略实施是公司的关键目标之一。我希望你们能够共同合作,促使其获得成功。"另外,如果连锁关系部门完全参与到实施行动计划的制订过程,那么交流就根本不成问题了。

变化遭到抵制。一个新的战略会使公司的竞争态势发生多种变化,它还会改变公司内部的现状,于是就会产生对变化的抵制力量。"在所有那些从旧秩序中获得利益的人当中,总会产生改革者的敌人,"马基雅维里如是警告其读者。这一点适用于 16 世纪的意大利,也适用于今天。很明显,在某些人看来,他们所享受的优势总有一些会受到变化的威胁。他们可能会认为,变化危机到了他们的生机、额外津贴、工作社会结构或者在公司中的地位。另一些人则知道,他们的专业知识会因为变化而贬值。比如,20 世纪

90 年代末，一家汽车液压操舵系统供货公司转向电子操舵技术，那些专门负责软管、阀、液体的老员工突然变得不那么重要了。他们在长久的职业生涯中获得的专业技能突然贬值了，让位给了公司正在积极获取的电子工程技术。

一旦员工开始将自己看做是变化项目中的失败者，那你就准备遭遇抵制吧。抵制可以是被动的，以消极怠工为表现形式；也可以是主动的，表现为直接抗议或破坏。你如何应付这种抵制呢？

矫正方法：识别潜在的抵制者，转移他们的焦虑。下面是具体做法：

- 确定哪些人将在公司战略变化中有所损失，并与他们交流，告诉他们变化的"原因"。向他们解释放弃现有管理或安排的紧迫性。

- 强调新战略给潜在抵制者带来的利益。这些利益可能是未来工作更安稳、新薪水更高等等。没人能保证这些变化带来的利益会大于这些人在变化中遭受的损失。但是，向他们解释这些利益能将他们的注意力由消极方面转移到积极方面来。

- 帮助抵制者找到新的角色——这角色要能够代表他们可以作出真正的贡献，还要能够减轻他们的损失。

- 给抵制者权力。许多人抵制变化是因为，变化意味着他们对自己日常生活将失去部分控制。让他们积极参与到战略实施项目中来，借此将一部分控制力归还给他们。

察觉偏离计划的行为并作出反应

如果这些介入活动失败,将抵制者调离你的部门。你不能允许少数几个牢骚满腹的个体破坏整个团队的进度。但是不要把他们"逼上梁山"。尽力将他们调动到他们的特殊技能能够更好发挥作用的岗位上去。这正是电子操舵系统的革新者的做法。那家公司仍然有许多生意要供应液压系统给汽车和货车制造商,因此,一方面,公司为正在拓展的新生意招聘电子工程师;另一方面,也在上述部门继续雇用液压技术专家。

制订应急计划来应对可能的挫败

和所有战略计划一样,每一个实施计划都包含了风险,也就是总会出现某种没有预见或无法预见的事情延误战略的实施,甚至使之偏离正轨。因此,应该制订应急计划来应付这些可能出现的问题。应急计划是为应付可能出现的问题而预先设定的一组行动。它回答的是这样一个问题:"如果 X 发生,我们怎样应付才能消解或减少它造成的损害?"下面有两个项目应急计划的范例:

● 埃塞公司(Acme Company)建立了一个两年计划来实现制造设施现代化。高层管理者将两年的期限看得极为重要。资助方也认识到了在期限内无法完成任务这个很现实的风险,因此同意设立储备资金,如果项目进度落在日程安排之后,则用储备资金来雇佣外部力量。这一应急计划包括每月进度回顾及一个应急条件,即进度落在日程之后三个星期或更长时间则启动储备资金。

● 技术奇才公司(Techno Whiz, Inc.)希望其软件项目组开发集成办公应用软件的新版本,包含所有引人注目的特征以及与因特网的无缝对接。该小组不愿意错过公开发布期限和昂贵的市场推进过程,于是制订了一个应急计划来处理任何没有完成的程序要素。这个计划非常明确:在官方发布期限时任何未准备好的新要素将打包成可下载的"附件",晚些时候再免费提供给新版本所有的注册用户。该附件开发工作的人员配备已经预先计划好,根据所需的工作量确定其财务预算。

应急计划的真正价值在于让员工作好准备应付不利局面。当灾难来袭时,管理者和员工不需要花费几个星期的时间去努力思考应对之策,不用担心到哪里去获得处理新局面所需的资金。

你的部门是否已经识别了实施计划中的风险?是否已经制订应急计划来应对这些风险?("每一个重大风险都有人负责"提供了考察成功实施计划这个问题的另一个视角。)

确保战略顺利实施没有战略制订那样的思维游戏之乐。尽管新战略成功时,战略制订者总是获得最多的荣誉,但那些确保实施顺利进行的执行者和下级管理人员所做的才是最重要的工作,因为说到底,如果战略实施很糟糕,即便是最出色的战略也没有多大价值。

察觉偏离计划的行为并作出反应

· 127 ·

> ## 每一个重大风险都有人负责
>
> 　　行动计划中的每一项任务都应该有一个"负责人",每一个重大的风险也应该置于某人的责任范围之内。这个人应该时刻关注分配给他的风险,一旦这个风险开始由潜在问题变为现实问题就要拉响警钟,还要准备好应对可能的后果。

小　　结

●　战略失败往往源自于实施不得力。

●　你可以通过下面这些机制来判别偏离行动计划的行为:业绩衡量标准、定期进度回顾、非正式报告、直接观察。

●　要在实施问题发展成阻碍成功的绊脚石之前就及时发现这些问题,最好的方法是建立每周或每月进度回顾的机制。

●　如果你是老板,注意不要营造一种员工不敢及时上报实施问题的氛围。

●　执行者和管理人员不能只等待进度报告,还应该经常到战略实施第一线去观察,去提问。

●　战略实施失败的一般原因包括计划扩展、计划削减、资源不足、连锁关系失效以及员工抵制,这些员工将自己看做是新战略中的失败者。

● 每一个战略实施计划都包含风险——某些无法预见的东西。你要为每一个重大风险制订应急计划。

● 使每一个重大风险都有一个管理负责人。

略ABC --

哈佛商务指南

略ABC

8 战略实施过程中的人

8 战略实施过程中的人
——让正确的人参与进来

本章主要话题包括：

● 如何获取关键人员的支持与参与

● 以一致的行为支持计划

● 实现性体系(即培训、试点计划和奖励体系)

● 庆祝进步的方式

● 持续交流的重要性

前 两章可能会让人觉得战略实施是一个机械化的过程：只需要为行动步骤绘制蓝图，告诉员工去执行这些步骤，然后定期检查一下计划执行情况和进度就可以了。实际情况却是：人是战略实施过程中最重要的部分，而对于管理层来说，管理人力、管理其对战略变化的忠诚度常常是最大的挑战。雇员必须感觉到，他们对于上面要求自己执行的计划有话可说。他们必须清楚，计划执行的成功至关重要。他们必须有足够的动力，去圆满地做好自己应该做的事情。同时，他们还必须能看见实实在在的激励，觉得自己辛苦的工作会有回报。

记录表明，战略实施很少能顺利进行。有时候是外部因素扰乱了计划或转移了管理层的注意力。技术故障也会让进度受阻。但是人的问题往往是实施问题的根源所在。员工会犯错误。关键员工可能辞职或调动。不同的小组有时会忘记相互交流。没有受过培训的员工可能会被指派去做他们应付不了的工作。主管也可能疏远负责关键行动步骤的员工。本章将谈论的就是实施过程中人的问题,目的是引导你不出问题。

获取关键人员的支持与参与

如果有关键员工的支持和参与——不仅仅是首席执行官和他的理事会,那么你的实施过程就会进行得更加顺利。毋庸置疑,高层参与很重要。但是获得那些受到其他人尊重的主管与员工的支持也非常重要:有过硬技能的人、能获得关键资源的人和一些非正式领导式人物,人们在遇到障碍时会首先想到找这些领导式人物寻求指示和建议。怎样找到这些人呢?作家迈克尔·图什曼(Michael Tushman)和查尔斯·奥赖利(Charles O'Reilly)给出了他们的建议:

> 要想确定哪些人是关键人物以及他们对变化的反应,可以问这些问题:谁有能力促使或阻碍变化发生?谁控制着关键资源和专业知识?然后想一想,变化会对这些人产生怎样的影响,而他们又会对变化作何反应。谁会有收获,谁又会有损失?……会不会有什么个人组织反对或支持变化?[1]

获取支持还暗含了建立一个有效的变化促进小组,小组成员

共同工作以达成既定目标。但是你怎样确定自己已经将正确的人员都选入到小组中来了呢？下面有很多问题能帮你确认你的小组是否拥有正确的成员：[2]

- 是否有足够数量的公司关键人物（即处于重要权力职位上的人）成为小组成员？

- 小组成员是否有相关专业知识来进行工作，来作出明智的决定？

- 小组成员是否有足够多样化的不同视角，来自足够多样化的领域来进行工作，来作出明智的决定？

- 小组某些成员是否有足够的可信赖度，使员工和管理层能够认真对待小组作出的决策？

- 小组是否有真正的领导？

- 小组成员是否能摒弃个人利益，转而关心宏观的企业目标？

如果每个问题你的回答都是"是"，那么引导实施进程的这个小组就比较强势，比较可能成功。如果有任何问题的回答是"否"，那你最好重新审视一下小组的人员选择。（欲了解更多有关挑选小组成员的信息，请参看"怎样决定谁不应该成为小组成员"。）

怎样决定谁不应该成为小组成员

约翰·F.科特(John F. Kotter)在其著作《变革》(*Leading Change*)中建议,有三种类型的人不应该加入你的小组:[a]

1. **太自负的人。**科特说太自负的人会太过张扬,让别人没有空间参与进来或作出自己的贡献。太自负的人往往看不到自己的缺点,更不知道这些缺点能够由其他人的优点来弥补。

2. **蛇一样的人。**科特用"蛇"来形容那些暗地里破坏小组成员之间关系的人。"这种人最擅长的就是在萨利面前搬弄弗雷德的是非,然后又到弗雷德面前讲萨利的八卦,这会破坏萨利和弗雷德之间的关系"。

3. **消极的小组成员。**这些人没有时间或热情来将精力放到小组上。在将这种人邀请到小组中来时要小心。但是,将他们拒之门外也很困难,因为这些消极成员可能拥有你所需要的专业知识或组织权力。

将这些人收入你的小组只会让原本艰难的新战略实施更加棘手。

[a] 约翰·F.科特,《变革》(波士顿:哈佛商学院出版公司,1996),59-61页。

以一致的行为与信息支持计划

变化的必要性令人信服地传递给员工并获得广泛支持后,还必须通过一组一致的行为与信息来维持这种支持的立场。行为或信息如果不相一致,就会传递一个很有危害的信号——管理层对

让正确的人参与进来

新战略实施的态度并不认真,或者不愿作出其应有的努力。

请看这个范例:几年之前,美国三大汽车制造商之一经历一次痛苦的战略重组。每一个人都被告知,要牺牲今天的利益来换取明天更大的竞争优势、工作稳定性和繁荣。数千名中层主管下岗,工会也被要求放弃增加薪水和津贴。因为公司在变化的问题上作了很让人信服的游说工作,员工接受了这个信息,都勒紧了裤带,工会也积极投入。但几个月后,高层管理者却用不菲的津贴和薪水上涨来奖励自己和其他一些关键员工。这种不一致的行为一旦公布于众,管理层和普通员工——以及工会领导——之间的信任纽带也就随之灰飞烟灭。合作变成了公开的敌意,一直持续了将近 10 年。

同一时间,另一行业中的一家公司也开始了一个节衣缩食的结构重组项目。但是这个公司的做法却是领导层完全透明的、一致的行为。其首席执行官身先士卒,将公司的三架喷气飞机卖掉,自己出行也乘坐商用飞机——而且还是经济舱。还不需要豪华轿车到机场迎接他。"我不介意打的,"他告诉商业媒体说,"的士一样能很快把我送到目的地"。公司其他出行的总裁也效仿老板的做法。这一点员工都看在眼里。

这两个公司中你觉得哪一个能更成功地获得对变革项目的支持呢?

SQA,也就是前面一章中提到的赫尔曼·米勒公司成功的低成本办公家具小组,同样运用了一组一致的信息来支撑其及时、准确的供货战略。每一个人都知道这是该小组衡量成功的核心标准。因此 SQA 主管使用了好几种方法来强化这一信息。比如，每天早上他们在工厂的每一个入口都张贴头一天及时供货的比例。进入或离开工厂都不可能看不到这些数字。他们还将最新的供货数据附在每一封内部电子邮件后。"昨天及时、准确供货的比例是 99.2%"。执行副总裁甚至常常随意碰到员工就问他们知不知道前一天的业绩分数。回答正确就可以得到一张百元大钞，或者带薪放假一天。

在你的公司里需要怎样的信息或行为才能与实施项目保持一致？

创建实现性体系

实现性体系指的是那些支撑战略计划成功实施的活动和项目，是整个计划的关键组成部分。这些体系包括试点项目、培训和奖励体系。

试点项目能让员工有机会在可控制的小规模范围内尝试实施过程、处理其中的问题。这些项目是试验平台，战略实施者在将计划铺开之前能够在此进行试验，并进行调整。这些项目是很有价值的试验场，因为在单个部门进行变革比整个公司总是要更容易、风险更少。

培训项目同样很有价值。摩托罗拉和通用电气公司制定了正式的培训项目，作为这些公司高质量战略的关键实现性体系。施

让正确的人参与进来

乐公司也有类似的做法,在 20 世纪 80 年代中期建立起全公司范围的标准检查项目。每一个施乐员工都拿到了一本所谓的"黄颜色小册子",即公司标准检查的指导手册,接受完培训的熟练员工会分派到公司几乎每一个操作部门。

奖励体系扮演的同样是实现性的角色。员工通常遵循那些能获得奖励的行为方式,而摒弃无法获得奖励的行为方式。因此,如果你的行动计划要求员工工作更加努力、更加灵活或者以新的方式工作,那么你的奖励体系也必须和这些预期的行为方式保持一致。激励项目制定过程中的细节和各种陷阱非常复杂,根据实际情况而确定。因此,要根据每一个企业的具体语境来制定激励项目。在你制定实现性体系时可以考虑下面这些问题:

● 你能在战略实施中为试点项目找到一席之地吗?

● 如果有培训项目,那么在执行行动计划之前哪些培训比较合适?

● 通过奖励,员工的行为是否与行动计划达成了一致?

庆 祝 进 步

战略实施可能是一条漫长而充满挫折的道路。如果没有主动采取行动来保持员工高昂的精神和状态,那么他们肯定会疲倦或丧失兴趣。你可以确定阶段性进步目标——哪怕很小的目标,然后在达成进步时举办庆祝活动,这样就能保持员工的状态。(可参

考"庆祝阶段性进步的窍门"。)庆祝一系列的阶段性进步能够:

- 消解对为战略及实施付出努力的怀疑态度

- 证明员工的牺牲和努力会得到回报

- 保证持续获得支持

- 保持前进的动力

- 提高士气

庆祝阶段性进步的窍门

下面是庆祝阶段性进步和保持员工高昂状态的一些窍门:

- 为战略实施者召开宴会——从外面邀请一位演讲者,讲述他或她的公司也通过相似的做法获得了成功。

- 下午放假打一场垒球。

- 奖励有突出贡献者。

取得重大成功时应该有更宏大的庆祝。比如,如果你们成功达到了整个项目的中期目标,那么可以举办一次宴会,邀请首席执行官作为嘉宾和主题发言人。不管你怎样做,要记住将通往战略实施完全成功的道路上的每一段路都标示出来。

庆祝阶段性成功与过早宣布胜利之间是有明确分界线的。越过这条界线就可能打消员工的紧迫意识,而你还需要这种意识来保持员工的动力,促使他们朝未来的险阻勇敢迈进。约翰·科特

让正确的人参与进来

将"过早宣布胜利"列为变革失败的主要原因之一,他说,变革发起者和抵制者都可能犯这个错误。"发起者总是充满着热情去寻找进步的迹象,"他写道,"因此容易走极端。然后抵制者也会加入进来,因为他们会抓住每一个停止变革的机会……抵制者将胜利看做是这样一个信号,也就是战争已经获胜,部队也可以回家啦。"[3] 如果疲劳的部队接受这种思想并回到他们的日常工作岗位,那么灾难就会紧跟而来。

因此不要急于宣布胜利,应该利用从阶段性进步中获得的信任和动力,聚集力量去攻打下一个阶段性目标。

不 断 交 流

交流是管理层手中最重要的战略实施工具。他们必须运用交流来让员工清楚地知道:

● 此项战略是什么

● 此项战略为什么重要

● 有效的战略实施将如何为公司和员工带来利益

● 每一个人在战略实施中将扮演何种角色

这四点应该成为首席执行官为管理人员和员工鼓舞士气时发表演说的核心内容。它们还应该成为经理每一次与其直属助手和下属交流的核心内容。

交流这个有力的工具还可以用来鼓舞员工,克服抵制情绪,帮助员工对变革的好处和坏处作好准备,让员工在战略实施中获得一种个人的利益。有效的交流能从一开始就为前面的艰苦工作定下基调,因此对战略实施的成功与否至关重要。但是不能单凭一次大爆炸式的交流活动就指望员工会积极付出努力。交流必须持续不断。下面是变革中不断交流的一些小建议:[4]

1. **具体解释新战略的本质和你希望达到的目标。**口号、主题和短语不可能讲清楚战略希望达成的目标。给员工传达具体的信息,告诉他们新战略将如何影响客户满意度、质量、市场份额或销售以及生产力。

2. **告诉员工为什么。**员工对于战略变化背后的商业原因往往一无所知。你可能花费了大量的时间来研究问题、发掘事实,但是你的同事却毫无头绪。另外,还应该告诉同事各种可能的选项,告诉他们为什么这一种比别的都要好。

3. **告诉员工战略变化的范围,即便其中包含不好的消息。**有些人受的影响比别人大。那就有可能会让他们因为害怕而进行各种猜测。害怕与犹疑会让一个公司瘫痪。你可以直陈事实来避免这些害怕与怀疑。但不要粉饰事实。如果员工要下岗,就直接说出来;如果有人应该接受培训,直接告诉他。还要将那些不会变化的事情也告诉员工,这会让员工安下心来。

4. **制作一份图解实施行动计划,让员工能更好理解、记忆。**

让正确的人参与进来

可以是一份各种活动的流程图,也可以是用图表来描述变化之后的企业。不管什么形式,要将之做得清楚、简单、方便记忆。

5. **预测实施的消极方面。** 肯定会有消极面,人们应该提前作好准备。消极面包括艰苦的工作、任务的变化和让人沮丧的问题。如果你让员工准备好应付这些不测事件,那么他们就能从容应对。

6. **告诉员工成功的标准以及衡量成功的方法。** 要清楚地定义成功,并制定进度衡量标准。这些都是你行动计划的一部分。如果你没有为最终要达成的目标设定明确的标准,人们怎样知道他们是否前进了,是否走在正确的方向上?在向前迈进的过程中随时衡量进度——并把进度告诉员工。

7. **告诉员工你们将如何奖励成功。** 我们在其他地方说过,变化会带来额外的工作和混乱,因此员工需要激励。要说清楚朝实施目标迈进过程中的进步将得到怎样的奖励。

8. **强调、强调再强调变化和计划行动的目的。** 如果最初宣布时没有问题,千万不要以为员工就已经接受了变化的必要性——他们有可能是很讶异、疑惑、震惊得说不出话。因此在第一次宣布大会之后应该再召开一次会议。之后还应该加强交流,处理变化项目中个人方面的问题。

9. **使用多种交流手段。** 有些人比较容易接受书面文字或流程图。还有些人则更适应正式的陈述。既然听众之中的人总会有不同的接受习惯，那么就应该用多种媒介——专题新闻简报、活动、电子邮件和正式陈述，让员工能了解、参与、激发热情。这些交流活动应该坦诚对待成功与失败。如果员工不信任他们所听到的东西，他们就会拒绝接受。

10. **让交流成为双向过程。**要记住战略实施是一项共同参与的事业。因此，一方面要说，另一方面还要听。注意到这一点有助于保持员工的参与热情和动力。领导需要反馈，辛苦工作的实施者也需要机会将自己的心得和担忧与愿意聆听的领导分享。

11. **要言行一致。**如果你是老板，人们就会关注你。他们会聆听你的言语，但也会留意观察，看你的言语与你通过肢体语言和行为所传达出来的东西是否一致。你的言与行都带着真诚的热情吗？你的语调和举止是否传达出你对实施项目的信心？或者只是装腔作势而已？试着从旁人的角度来看看自己吧。

最后，战略实施中人的方面应该是管理层最关心的领域。没有员工的投入和艰苦工作，行动计划只能是一堆废纸。

让正确的人参与进来

小　结

- 要让正确的人员参与到战略实施中来。这些人包括有过硬技能的人、能获得关键资源的人和一些非正式领导式人物，人们在遇到障碍时会首先想到找这些领导式人物寻求指示和建议。

- 不能让太过自负、没有时间、没有热情或者制造麻烦的人加入战略实施小组。

- 你的行为、信息要保持一致。不要以新战略的名义告诉员工作出牺牲而自己作为一个领导却不愿身体力行。

- 成功的战略实施要有实现性体系支撑：试点项目、培训和奖励体系。

- 获得重要进步时要庆祝。这样做有助于保持员工的动力、支持的态度和士气。

- 不要过早宣布胜利。

- 保证稳定的交流频率。要时刻提醒人们，告诉他们战略的本质，战略为什么重要，战略将如何给员工和公司带来利益，以及员工应该扮演的角色。

- 要聆听来自他人的信息。

略ABC

9 永远没有终点的战略

9 永远没有终点的战略
——直向前看

本章主要话题包括:

● 为什么总裁必须评估战略的有效性

● 用财务比率、平衡计分卡和市场分析来评估战略的有效性

● 战略危险的警告信号

● 主要战略变化

如果你制定了一个成功战略并实施得不错,那么你就可以使公司发展几年而没有任何问题。但是没有哪一种战略是永远有效的。最终,外部环境会出现变化,从而使你现有的战略不再有效,或无法再产生利润。每一个行业基本上都是如此。克莱顿·克里斯滕森(Clayton Christensen)几年前在《哈佛商业评论》中曾这样提醒读者:

> 看看昔日那些大公司的战略列表可以让我们获得很清醒的认识。福特公司的标准汽车规模生产战略,通用汽车公司的垂直整合战略:根据不同层次市场客户的偏好来设计汽车,施乐公司出售副本而不是复印机的战略,以及西尔斯公司在逐渐成长的郊

区设店出售价格合理、质量可靠的产品战略。正是在这些出色战略的引导下,这些公司曾创造辉煌。但是当它们的竞争环境发生变化时,每一家公司都发现改变战略方向极其困难。[1]

不幸的是,许多管理团队都无法(或不愿意)承认他们的战略已经不再有效——如果不是已经过时的话。因为短视或者狂妄,他们没有认识到外部环境是在不断变化的,因而也无法修改战略来直面这种变化。于是,重新制定战略的能力就成了优秀管理的一种长期要求。对迈克尔·波特来说,这是"一个辨别新领域的过程,一个将客户由既定领域引导过去或者将新客户吸引进市场的过程。"[2]

本章将阐述管理层如何评估其现有战略的有效性,识别那些表明他们无法留住和满足客户的警告信号。正如本书前面曾说过的,成功战略从本质上来说都是暂时性的,因此每一位领导都应该警醒,要持续不断地关注外部环境,留意威胁与新的机遇。从这种关注和留意中得来的信息应该能提醒他们何时改变或更换现有战略。

你的战略运作情况如何?

在本书的序言部分里有一份战略与商业模型,它表明从业绩衡量部分还必须有一条回馈线返回到最初的战略制定过程。业绩衡量能告诉领导层战略和战略实施运作的情况。还应该有非标准

的衡量措施来刺激他们进一步审视外部环境,以识别威胁与机遇,同时也刺激他们审视内部环境来确定自己现有的能力。本节将简单介绍三种战略衡量方法:财务分析、平衡计分卡和市场分析。

财务分析

战略奏效与否,这可以从财务报告中找到证据:尤其是资产负债表和收益报告。在财务报告数据的基础上考察利润率还能进一步认识战略的有效性。

财务报告。资产负债表描述的是企业拥有的资产和这些资产的资金注入情况——债权人的资金(债务)和所有者的资产净值。收益报告(有时也称为利润与亏损报告)指的是在某一特定时期内的经营累计结果。通过对这些结果进行的年度比较,就可以评估战略及其实施在操作过程中的有效性——虽然将战略及实施过程进行区分往往很困难。可以来看看"合并帽架公司"的案例,表9-1是这家公司各个时期的收益报告。尽管公司的开支得到了控制,但是它的零售额却稳定地增长。这里面肯定有某部分运作非常良好。然而,公司销售额却一年差似一年。如果公司销售额是该公司战略的重要组成部分之一,那么这里肯定是出了什么问题——或者是战略,或者是战略的实施。这份数据信息应该能给管理层发出一个信号,促使后者去仔细地检查问题。

表 9 - 1　联合帽架公司各时期收益报告

| | 所有时期都以 12 月 31 日为截止 | | | |
	2004	2003	2002	2001
零售额	$2 200 000	$2 000 000	$1 720 000	$1 500 000
公司销售额	$1 000 000	$1 000 000	$1 100 000	$1 200 000
总销售收益	$3 200 000	$3 000 000	$2 820 000	$2 700 000
减去:销货成本	$1 600 000	$1 550 000	$1 400 000	$1 300 000
毛利	$1 600 000	$1 450 000	$1 420 000	$1 400 000
减去:营运开支	$800 000	$810 000	$812 000	$805 000
折旧费用	$42 500	$44 500	$45 500	$42 500
税前收益	$757 500	$595 500	$562 500	$552 500
减去:利息开支	$110 000	$110 000	$150 000	$150 000
所得税前收益	$647 500	$485 500	$412 500	$402 500
减去:所得税	$300 000	$194 200	$165 000	$161 000
净收益	$347 500	$291 300	$247 500	$241 500

来源:《哈佛商务指南系列:财务管理》(波士顿:哈佛商学院出版公司,2002)15 页。

　　考察收支平衡表和收益报告中关键数字的比例也能帮助管理者了解情况。比率能帮助分析者或者决策制定者逐渐地了解一个公司的起点、现有状况和可能的前景。大多数情况下,这些比率所提供的情况都是不完整的,但却是一个开端。

　　赢利比率。赢利比率将所得的收益与产生收益的资源挂起钩来。不考虑营运实施过程的错误,公司战略利用一定量的资源应

该产生尽量多的利润。应该记住的赢利比率包括资产收益率(ROA)、净资产收益率(ROE)、投资回报率(ROI)以及营运利润率或税前收益(EBIT)。

资产收益率将净收益和公司的总资产基础挂钩起来,可以这样表示:

ROA=净收益/总资产

ROA 将净收益和管理层指挥下所有财务资源投资挂起钩来。这是衡量资源有效利用率的有用工具,它不管这些资源是如何获取或资助的——而在考查战略有效性时不应该考虑资源的来源。

净资产收益率将净收益和持股者投资的财务资源挂起钩来。这条标准衡量的是持股者的资金在公司中的利用效率。ROE 这样计算:

ROE=净收益/持股者的资产净值

"投资回报率"这个术语经常在涉及利润率的商业讨论中用到。比如,经常可以听到"我们的目标是 12%的 ROI"这样的句子。不幸的是,ROI 并没有标准的定义,因为"投资"可以从很多视角来解释。投资可以表示服务于某一特定活动的资产,还涉及持股者的资产净值,或者表示投资资产减去公司承担某一项目而产生的债务。ROI 还可以指代内部收益率,一种计算收益率非常具体的方式。因此,每一次有人使用"投资回报率"这个术语,你都应该要求对方解释清楚。可以问:"你怎么计算投资?"

税前利润率通常被称作营运利润率,很多人用它来估算公司营运活动的利润率。营运利润率没有将管理层无法控制的利息开支和税额计算在内,因此能更好地体现管理层的表现。可以用下面的公式计算营运利润率:

营运利润率=EBIT/净销售额

这些比率都不能很准确地说明某种战略是强还是弱,因为每一种比率反映的既是战略,又是其实施情况。不过,如果某种比率比同行公司弱,或者一年比一年弱,那么总裁小组就应该敲响警钟,高层管理者应该据此去调查原因:是因为战略本身,还是因为实施过程不得力?

从财务标准到平衡计分卡

财务比率能显示企业业绩,一代代商人都用它们来管理自己的营运。但是财务比率并不是按钮,轻轻一按就能改变现实——相反,它们是许多其他活动的结果。而且,它们都是回顾性质的,是过去活动的产物。更糟糕的是,传统的衡量标准可能发出错误的信号。比如,今年看起来不错的利润标准其实是因为大幅削减了产品开发和员工培训。表面上,现在的高利润率使现状显得很

美好,但是项目开发和培训费用的削减却威胁到了未来的利润。财务比率也无法直接衡量诸如客户满意度和企业内部学习这样的东西,而后者才能确保公司长期的利润率。

因为传统业绩衡量体系的缺陷,一些管理人员将他们的关注点转移到产生这些比率的营运活动。这些管理人员遵循这样的信条:"优化营运,业绩数字也会随之优化。"但是何种优化最重要呢?什么才是长期、底线业绩的真正推动力? 为了回答这些问题,哈佛商学院教授罗伯特·卡普兰(Robert Kaplan)和同事大卫·诺顿(David Norton)对一些拥有领先业绩标准的公司进行了研究。从该项研究中,他们提出了一种新的业绩衡量体系:"平衡计分卡",该体系能让高层管理人员更全面考查自己的公司。平衡计分卡包括标示过去活动结果的财务标准。它还辅助以三组营运标准,直接与客户满意度、内部活动、公司学习与提高的能力挂钩。这些都是推动公司未来业绩的活动。从这个意义上来说,平衡计分卡能同时评估公司战略及其营运实施过程。

卡普兰和诺顿将平衡计分卡比喻为飞机驾驶舱里的刻度盘和指针:

> 为了完成导航与飞行这项复杂的任务,飞行员需要飞行诸多方面的详细信息。他们需要燃料、空速、高度、方位、目的地和其他各种信息来了解当前和可能出现的环境情况。仅仅依赖一种仪器可能导致致命的后果。同样,今天管理一个企业也极其复杂,要求管理者同时观察好几个领域的业绩情况。[3]

卡普兰和诺顿的平衡计分卡使用四种视角来与业绩衡量标准

挂钩,并借此来决定管理层应采取的行动。这四种视角集中起来则能及时为高层管理者提供四个关键问题的答案:

- 客户怎样看我们?(客户视角)
- 我们必须怎样做才能超越他人?(内部视角)
- 我们是否能持续提高和创造价值?(革新与学习视角)
- 在持股者眼中我们是什么形象?(财务视角)

图 9-1 展示的是这四种视角之间的联系。平衡计分卡相对于传统衡量标准的优势在于,四种视角之间有三种(客户、革新与学习以及内部)都不仅仅是结果——更是工具,管理者可以通过控制它们来改善未来的业绩。比如,如果客户视角指标处于下降趋势,管理者就会比较清楚从哪里介入。平衡计分卡和传统的比率分析结合起来使用就能帮助管理者了解其战略的有效性,并识别实施过程中需要改进的领域。

市场分析

几年前,有一家大学教材的主要出版公司似乎对其业绩感到比较满意。销售收益逐渐增长,速度甚至超过了开支。似乎有足够的红利来应付一切——持股者、公司管理者和销售人员。只有两个让人担忧的事实夹在这幅快乐图景当中。首先,公司的单位销量平淡无奇,三年来都没有变化。收益增长只不过是因为公司提高了价格;这一战术肯定不可能永远有效;其次,收益主要依靠五本书的持续生命力。尽管该出版公司现在积极推出 180 种书

籍,但是这五本书却占据了总收益的 38%。而且每一本书都已经上市超过 15 年。这 15 年当中该公司推出的其他许多书没有一种能在市场中占据稳固的位置。

表面看来,这家出版公司的战略似乎很管用。但市场分析却表明,它不过是在蜻蜓点水而已——没有方向,完全依靠几种陈旧的产品支撑下去。尽管销售人员总能不断扩大销售配额,从而每年都能得到奖金,但是在市场上却没有任何进步。尽管该出版公司的编辑每年都推出新书,公司其实一直在吃老本。很明显,这家公司需要通过市场分析考察其战略,看问题出在什么地方。

市场分析是一个很大的话题,这里不可能全部涵盖。但如果你能将注意力集中在下面几种活动上,也许就能从中获得许多利益:

- **赢取客户**。你是否成功地以合理成本赢取新客户?

- **客户利润率**。你是否能从现有的客户那里获取利润?有些公司只关心新获取的客户的数量,而实际上,这些客户当中许多人是在拖利润的后腿。

- **留住客户**。你是否以合理成本留住了最有价值的客户?

- **新产品/服务**。你的新产品/服务是否成功、是否有利润?

- **市场份额**。你是否在重要的细分市场逐渐拓展份额?

图 9 - 1　平衡计分卡与业绩衡量标准挂钩

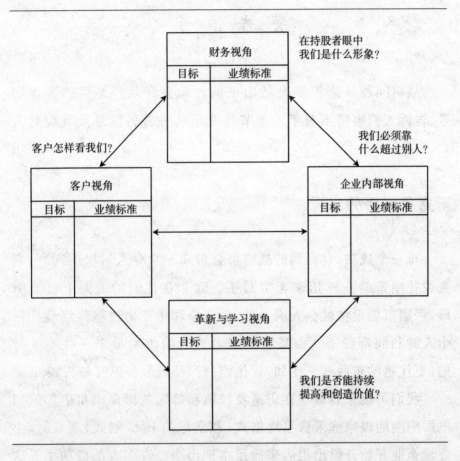

来源：罗伯特·S.卡普兰和大卫·P.诺顿，"平衡计分卡"(The Balanced Scorecard)，《哈佛商业评论》(1992 年 1-2 月)，72 页。

　　对这份简短列表中的问题如果有任何否定的答案，那你就应该重新审视你现有的商业战略。

警 告 信 号

战略问题从来不是突然出现的。总会有某些早期的警告信号,告诉人们事情不对了。本节将介绍两种警告信号及其应对方式。

新竞争对手的出现

每一个成功、有利润的战略都会带来一个令人讨厌的问题:它会像花招蜜蜂一样招来竞争对手。除非在他们的道路上设置障碍,否则市场很快就会人满为患,而竞争和生产力过剩最终会把每个人的利润都毁了。而某些新来者也会给市场带来一些不一样的、更优越的东西——比如,让他们的产品或服务更容易买到。

我们可以来看看现在仍遍及城镇和郊区的影碟出租店。最初电影刚刚能以家庭录像系统格式(和索尼的 Beta 制式)观看时,小规模企业开始开设出租店来满足本地市场。许多人都成功了。这个市场进入起来比较容易,因为它不要求很高的专业技术知识或资本。最初的卖家利润开始为众人所知时,许多人都涌进这个市场,不断压低价格,也降低了所有人的利润。最后,美国的影碟市场被诸如"流行佳品"和"好莱坞名作"这样的大型全国连锁店接手(美国似乎经常有这样的事情)。这些玩家的规模优势是地方小公司难望其项背的。很多原有的企业家都退出了市场。

接下来,大型连锁店的利润又引来了革新者,这些公司用计次付费、电影下载和邮寄出租等方式来抢夺市场份额。

如果你的生意成功,那是因为你提供了某种客户看重的特别的东西——或者你出售产品/服务的方式被客户看重(更快捷或更方便)。这些品质使你的公司有别于他人,让它拥有了竞争优势。但如果新来者也做一样的事情,那你这种差异的竞争优势就消失了。

现在问问你自己:"别人模仿我们公司的特点或产品有多容易?"如果很容易,那你就要作好准备和别人一起分享市场。

模仿者入侵市场是很普通的事情,很少有市场主导者能把大门关死。我们可以来看看苹果电脑和广受欢迎的 iPod 电子音乐播放器。苹果在 2001 年 11 月推出 iPod。这并不是类似产品中的第一种,但它的设计品质和存储上千首歌曲的能力很快让它获得了巨大成功——这是苹果公司自 Macintosh 电脑系列产品以来最巨大的成功。为了保护产品、避免直接的模仿者,公司将设计申请了专利,还将 iPod 的制造分成许多部分外包给与自己签订了保密协议的多个供货商。在本书写作的时候,苹果仍然占据着大部分的市场,并通过发布改进型号继续保持着这种优势。然而,这并没有阻止别的商家——包括诸如惠普、索尼和三星这样强大的销售商,它们还是进入市场并为自己开拓了一片领域。

阻止对手侵入你的市场有很多方法可以选用:

1. 预先设置进入市场的障碍。比如,一家快餐店的主人将所

在小镇所有对潜在对手有吸引力的房产全部购到自己名下。

2. 不要将利润最大化。如果你是市场主导力量,不要将利润最大化,应该寻求市场份额的主导地位。这听起来有点匪夷所思,但却很有用。如果能建立一个只产生微薄利润的价格结构,那么很少会有竞争对手被吸引到你的市场里来。

3. 利用经验曲线为自己获得低价领先地位。这一点在技术行业尤其重要。如果你比对手学得更及时、更快,那你就可以保持成本优势。这种优势可能会非常大,将竞争对手赶出行业,并让其他人不敢参与进来。

如果这些方法都不行,你就必须改变自己的战略,使之能为你的产品创造差异和竞争优势。

新技术的出现

很多企业的命运都维系于它们的核心技术。这些技术成就了它们的成功,但技术的过时也会导致它们的失败。比如,在 19 世纪,从湖泊和池塘上收集冰块是一项大生意,尤其是在新英格兰。波士顿收集来的冰块由塔克冰块公司及其竞争对手打包并装上特制的绝缘船只,然后运往海湾地区的城市、英国以及遥远的印度和中国。这一直是一项利润巨大的生意,直到冰箱技术开发出来并逐渐传播到全世界。正是这项革新,那些冰块大公司的财运逐渐消失了。

数码摄影技术的兴起给我们提供了一个更现代的范例。19 世纪 30 年代以来,成像技术都是依靠覆盖有感光化学物质的胶片或玻璃片曝光而进行的。这一技术多年来一直不断改善。柯达公司以这种化学物质为基础的摄影技术建立起一个庞大的帝国,为业余和专业市场生产胶卷、冲印药液和相纸。它还推出了消费相机。

这种以化学物质为基础的摄影技术在 20 世纪 80 年代遭遇了第一次比较实在的威胁,当时索尼这家电子公司推出了一种使用电子技术的相机。电子摄影技术的迅速崛起使得胶卷、化学药液和大多数相机变成过时的东西,也直接威胁到柯达及其制造基础设施。更糟糕的是,柯达在电子成像方面并没有高人一等的竞争力,至少最初没有。竞争对手的圈子也发生了剧烈的转移。柯达的主要对手不再是胶卷生产商富士,电子成像技术的爆炸式崛起迫使它不得不成为尼康、佳能、徕卡及其他主要相机制造商的竞争对手。就连索尼和惠普这样的电子公司也加入进来。到 2004 年中,数码相机已经渗透进美国 40% 的家庭,而行业分析家预测这种迅速增长还将延续两年。面对这种形势,柯达不得不开始巨大的战略转移。值得赞扬的是,公司直面实情,将自己的战略资源全都引导向这种未来技术。最后怎样谁也说不清楚。

技术进步造成的断层线上,柯达的这种情形是非常普遍的。商业领导必须在早期就关注到这种断层的趋势,然后相应地重塑战略。当他们确实发现了断层时,绝不能熟视无睹。

一直向前看

· 159 ·

　　在面对破坏性的新技术时,许多公司的本能都是首先加大对曾经使它们成功的技术的投资。这一点在很多范例中都能看得很清楚:蒸汽船挑战帆船制造商的时候,19世纪末爱迪生的电灯系统挑战煤气照明公司的时候,以及20世纪40年代末喷气引擎挑战活塞动力飞机引擎的时候。每一次,这些受到威胁的公司都加大投入资金,对其成熟技术进行微调,即便这时新技术正迅速地变得更完善、更廉价。

　　面对新技术入侵应该用下面这些应对之法:

1. **提前准备。**对战略造成破坏的新技术并不是一蹴而就的。它们是慢慢出现的,往往有许多不同的来源。在成形期,它们出现在科学论文中,在技术研讨会上讨论。警觉性高的公司——也就是不断考察外部环境的公司——通常能在新技术发展成真正威胁很久之前就察觉到这种技术。这就使得公司有充足的时间来调整,来跟上形势发展。你可以通过制定政策来让公司向外部世界打开窗口,从而提前识别出正在成形的技术:通过派遣研发和市场人员去参加技术会议,设立考察小组去浏览技术文献,等等。

2. **寻找麻烦。**可以问这个问题:什么东西能毁灭我们的公司?设立一个小组,由最聪明的员工构成,让他们制定一个能够渗透进你的市场并抢走现有客户的商业战略。

战 略 变 革

英国经济学家约翰·梅纳尔·凯恩斯（John Maynard Keynes）有一天被一位记者纠缠不放。记者问，为什么凯恩斯改变了其原有的政策立场？"情况发生了变化，我就改变了我的看法"。接着凯恩斯问这位记者，"你会怎么做，先生？"领导者在思维上应该要和凯恩斯爵士一样灵活。

抱定我们采用、支持了多年的政策和战略总是比承认是时候往前走、尝试新事物要容易许多。我们可以考虑一下美国总统林登·约翰逊（Lyndon Johnson）的悲剧范例，正是他让美国深陷与南越的漫长战事。约翰逊的计划是要打败共产主义游击队和北越侵略军，而这一计划却是基于其未经验证的"多米诺骨牌理论"。该理论认为，如果南越失陷于共产党之手，那整个东南亚都会随之失陷。菲律宾、日本也会失陷，谁知道还有哪些国家会步其后尘。美国个人税款和国库支出不断攀升，主战力量也逐渐萎缩，但约翰逊却仍然一意孤行。尽管他自己也苦闷、怀疑，尽管战事惨烈的形势逐渐明朗，但他仍然坚守自己的政策。他的政府仍然会这样告诉公众，度过这段最坏的情形，"隧道尽头就会有光亮"。

政治和商业领导在战略无法达成自己的目标或者已然寿终正寝的时候仍然坚守，这一点不应该让我们感觉到惊讶。我们的文化崇尚坚持不懈的精神，在逆境中仍要努力向前，坚持到底，只有

一直向前看

胆小的人才会想到要放弃。但有时,隧道尽头没有光亮,选择另一条路才是更明智、更勇敢的抉择。这更需要真正的领袖气魄,而这种气魄绝不是仅仅维持现状而已。本章中描述的财务和其他警告信号能帮助你了解何时应采取行动。不断审视外部和内部环境也能达到相同的效果。

小　　结

- 即便是最成功的战略也不可能永远有效。要留意警告信号,它们会告诉你何时应该重新思考或调整你现有的战略。

- 财务分析、平衡计分卡和市场分析能帮助你确定战略及其实施运作的情况。

- 赢利比率——尤其是资产收益率、净资产收益率和营运利润率——是标示战略及其实施有效性的很有价值的指标。

- 传统赢利比率的缺陷在于它们都是回顾性质的,而且无法直接衡量诸如客户满意度和企业内学习这样的东西,而后者才能确保公司长期的利润率。很多人发现平衡计分卡是一种衡量公司业绩的更优越的方法。

- 平衡计分卡从四个纬度来定位某个公司:客户视角、内部视角、革新与学习视角以及财务视角。

- 市场分析至少应该从赢取客户、客户利润率、留住客户、新产品与服务的成果以及市场份额这些方面来考查公司业绩。

- 警示你应该重新审视战略的信号包括新竞争对手的出现和新技术的出现。

一直向前看

哈佛商务指南

略ABC

附录　几种有用的实施工具

附录　几种有用的实施工具

本附录包含了三种你可能觉得有用的工作表。所有这些表格都改编自"哈佛管理导师"（Harvard ManageMentor®），后者是哈佛商学院出版公司的一种网络产品。项目进度报告表格能从"哈佛商务指南"网站免费下载：www. elearning. hb-sp. org/businesstools。读者可以使用这份工作表和在该网站上的其他工作表、一览表和互动工具。

1. **SWOT 分析工作表（表 A‑1）**。正如第一、二章中描述的，战略制定者运用 SWOT 分析来确定企业的优势、劣势、机遇和威胁。这份工作表可以帮助你系统地去思考、衡量这些内部和外部因素。

2. **工作分解结构法工作表（表 A‑2）**。工作分解结构法借自项目管理这门艺术和科学，是本书中描述的战略执行工具之一。你可以用这个工作表将大的任务分割成一个个组成部分，然后估算完成这些任务所需的时间。

3. **项目进度报告（表 A‑3）**。可借助这个表格来评估进度，将所得信息展示给别人，并思考接下来的行动步骤。

表 A-1 SWOT 分析工作表

分析日期：_____ 分析内容： 比如,新产品开发 _____	
内部分析 列举和分析内容的内在因素。	
优势	如何加强这些优势
劣势	如何削减这些劣势
外部分析 列举所分析内容的外在因素,比如客户需要和市场趋势。	
机遇	如何了解及利用这些机遇
威胁	如何减少或逾越这些威胁

来源:"哈佛管理导师"的"战略实施",此处引用及修改已获得许可。

几种有用的实施工具

· 167 ·

表 A-2　工作分解结构法工作表

制定工作分解结构,以确保你没有忽视某项复杂活动的重要部分或低估完成该项工作所需的时间和资金。可以根据需要增加页码。

描述整个项目:

主要任务	一级次任务	二级次任务	二级次任务持续时间

总持续时间(小时/周/天)

主要任务	一级次任务	二级次任务	二级次任务持续时间

总持续时间(小时/周/天)

来源:"哈佛管理导师"的"项目管理",此处引用及修改已获得许可。

表 A-3 项目进度报告

可借助这个表格来评估进度,将所得信息展示给别人,并思考接下来的行动步骤。

项目:	负责人:			
时间从:	到:			

当前状态

这段时间的关键进步:

已完成(列表)	即将开始(列表)			

关键问题:

已解决(列表)	需要解决(列表)			

关键决策:

已制定(列表)	需要制定(列表)	谁决策	何时

预算现状:

影响
列举目标、时间安排/送货日期、项目范围和资源分配(包括人员和财务)等方面的变化。

接下来的步骤
列举能帮助项目成功前进的具体行动步骤。如果可能,在每一个步骤旁边写下负责人的名字和日期。

步骤	负责人	日期

注释:

来源:"哈佛管理导师"的"项目管理",此处引用及修改已获得许可。

哈佛商务指南

略ABC

注　释

注　释

序　言

1. Carl von Clausewitz, *On War*, Volume 1 (London: Kegan Paul), 177.

2. Edward Mead Earle, ed. , *Makers of Modern Strategy* (Princeton, NJ: Princeton University Press, 1943).

3. Kenneth Andrews, *The Concept of Corporate Strategy* (Homewood, IL: Richard D. Irwin, Inc. , 1971).

4. Michael E. Porter, *Competitive Strategy* (New York: Free Press, 1980), xxiv.

5. Bruce Henderson, "The Origin of Strategy," *Harvard Business Review*, November-December 1989.

6. Michael E. Porter, "What Is Strategy?" *Harvard Business Review*, November-December 1996, 61-78.

7. Joan Magretta, "Why Business Models Matter," *Harvard Business Review*, May 2002, 86-92.

第 1 章

1. Michael E. Porter, *Competitive Strategy* (New York:

Free Press，1980），3.

2. George Day and David J. Reibstein, *Wharton on Dynamic Competitive Strategy* （New York：John Wiley & Sons, Inc. , 1997），23.

3. Michael E. Porter，"How Competitive Forces Shape Strategy," *Harvard Business Review*，March-April 1979，113-145.

第 2 章

1. James Surowiecki, *The Wisdom of Crowds* （New York：Doubleday，2004），xvii.

2. 该九步法修改自"哈佛管理导师"（Harvard ManageMentor®）的"实施战略"部分，这是哈佛商学院出版社的一种网络产品。

第 3 章

1. David Bovet and Joseph Martha, *Value Nets* （New York：John Wiley & Sons,Inc. , 2000），30.

2. 欲更深入了解 USAA，请参考 Tom Teal 的文章，"Service Comes First：An Interview with USAA's Robert F. McDermott," *Harvard Business Review*，September-October 1991，116-127.

3. Forrester Research，新闻发布稿，http://biz. yahoo. com/bw/040610/105021_1. html（2004 年 6 月 10 日）.

4. Michael E. Porter，"What Is Strategy?" *Harvard Business Review*，November-December 1996，61-78.

第 4 章

1. Carl von Clausewitz, *On War*, Volume 1 (London: KeganPaul).

2. David B. Yoffie and Mary Kwak, *Judo Strategy* (Boston: Harvard Business School Press, 2001), 3.

3. 同上 59-60.

4. 同上 14.

5. Jim Collins, "The Merger Mystery: Why Companies Cannot Buy Their Way to Greatness," *Time*, 2004 年 11 月 29 日, x.

第 5 章

1. 欲全面了解,参考 David Bovet and Joseph Martha, *Value Nets* (New York: John Wiley & Sons, Inc., 2000), 169-182; 以及 "Value Chain Report: Herman Miller Reinvests for Success," *IndustryWeek Value Chain*, 2000 年 12 月 12 日, www. iwvaluechain. com/Columns/columns. asp? /ColumnId-720(2001 年 1 月 8 日)。

2. Jeffrey Pfeffer, *The Human Equation* (Boston: Harvard Business School Press, 1998), xvi.

3. George Labovitz and Victor Rosansky, *The Power of Alignment* (New York: John Wiley & Sons, Inc., 1997), 35-36.

4. Dwight Gertz and João Baptista, *Grow To Be Great* (New York: Free Press, 1995), 154-155.

5. David J. Collis and Cynthia A. Montgomery，"Creating Corporate Advantage,"*Harvard Business Review*，1998 年 5-6 月，70-83.

6. Michael E. Porter，"What Is Strategy,"*Harvard Business Review*，1996 年 11-12 月，61-78.

7. 同上 70.

8. 参阅 Us/McKnight 原则，3M 公司网站，www. 3M. com（2004 年 10 月 5 日）。

第 6 章

1. 本章关于行动计划的内容修改自"哈佛管理导师"（Harvard Manage-Mentor®）的"实施战略"部分，这是哈佛商学院出版社的一种网络产品。

第 7 章

1. 本章部分修改自"哈佛管理导师"（Harvard ManageMentor®）的"实施战略"部分，这是哈佛商学院出版社的一种网络产品。

2. Larry Bossidy and Ram Charan，*Execution: The Discipline of Getting Things Done*（New York：Crown Business，2002），15.

第 8 章

1. Michael L. Tushman and Charles A. O'Reilly III，*Winning*

Through Innovation（Boston：Harvard Business School Press，1997），190.

2. John Kotter，*Leading Change*（Boston：Harvard Business School Press，1996）.

3. John Kotter，"Leading Change：Why Transformation Efforts Fail,"*Harvard Business Review*，1995 年 3-4 月,66.

4. 修改自 Rebecca Saunders，"Communicating Change"，*Harvard Management Communication Letter*（1999 年 8 月）.

第 9 章

1. Clayton M. Christensen，"Making Strategy：Learning by Doing,"*Harvard Business Review*，1997 年 11-12 月，141.

2. Michael E. Porter，"What Is Strategy?" *Harvard Business Review*，1996 年 11-12 月，61-78.

3. Robert S. Kaplan and David P. Norton，"The Balanced Scorecard：Measures That Drive Performance,"*Harvard Business Review*，1992 年 1-2月.欲全面了解平衡计分卡及其运用,参考 Robert S. Kaplan and David P. Norton，*The Balanced Scorecard*（Boston：Harvard Business School Press，1996）.

略ABC

术 语 表

术语表

行动计划　一份包含战略目标以及达成目标所需步骤的文件。

行动步骤　实施战略项目、完成既定目标中涉及的几种因素："谁"、"什么事"以及"何时"。这些步骤的总和应该能完成工作。

一致性　对一个公司来说是这样一种状态,即组织结构、支撑性系统、过程、人员技能、资源和激励机制都支持战略目标。

平衡计分卡　一种业绩衡量体系,包括财务衡量标准和三组营运标准,后者直接与客户满意度、内部活动和公司学习、提高能力等活动挂钩,这些活动是未来公司财务业绩的推动力。

标准检查　标准检查是一种客观的方法,将自己的活动与公认做得最好的公司的相似活动进行对比,确定自己处于何种水平。除了给自己定位,标准检查的目标还包括寻找改进自己行为的机遇。

商业模型 一种概念描述,包括公司的收益来源、成本驱动因素、投资规模和成功因素以及它们共同运作的方式。

竞争优势 一个战略变量,能让一家公司处于优势地位,比对手更能为顾客创造经济价值。

应急计划 为应付可能出现的问题而预先设定的一组行动,它回答的是这样一个问题:"如果 X 发生,我们怎样应付才能消解或减少它造成的损害?"

核心竞争力 一个公司在关键领域里的专业水准或技艺,能够直接产生高人一筹的业绩。

文化 一个公司的价值观、传统和营运风格。

差异战略 以一种定性、客户看重的方式刻意将自己的产品或服务区别于其竞争对手的战略。

经验曲线 这一概念的具体内容是:每次生产次数累积翻倍,完成重复任务的成本就会下降特定百分点。

焦点战略 这种战略的核心思想是为目标市场或特定客户提供特

别优质的服务。

最低预期回报率 新投资项目预期收益的下限。通常计算为企业的资金成本加上对利润的某个预期值。

战略实施 将战略意图转化为现实的具体措施。

连锁关系 在同一个目标指导下不同职能部门之间的合作点。连锁关系有很多表现形式,包括特别工作小组、来自几个部门又一起工作并提供资源或建议的个人。

柔道战略 戴维·约菲和玛丽·夸克所阐述的基于三条基本原则的战略行动:运动、平衡和杠杆作用。

改善哲学 一种鼓励不同层次上的每一个人寻找方法来逐渐改善其工作的哲学思想。

具有领头作用的用户 那些总走在普通用户前面的公司和个人。

市场细分 一种将异质的庞大用户市场分割成同质细小组成部分的技巧。

网络效应 某种产品卖得越多、用户网络覆盖越广,价值就不断增加的现象。

营运利润率　很多分析用来估算公司营运活动利润率的一种财务比率。它可以计算为税前收益除以净销售额。

机遇　在 SWOT 分析中,指一个公司或单位能够借之大有作为的趋势、力量、事件和理念。

需求的价格弹性　客户价格敏感度的量化标准。

过程再设计　一种改善概念,目标是突破式的大变化——通过全面的重组或者完全摒弃现有工作方式。

资产收益率(ROA)　将净收益和公司的总资产基础挂起钩来,可以计算为净收益除以总资产。

净资产收益率(ROE)　将净收益和持股者投资的财务资源挂起钩来(从一开始一直到留存收益整个过程)。这条标准衡量的是持股者的资金在公司中的利用效率。ROE 这样计算:ROE＝净收益/持股者的资产净值

臭鼬工厂　一组人聚集在某个地方解决某个特定问题或提出一种革新性解决方案。臭鼬工厂一般选址在比较偏僻的地方,为

了让小组成员能专心攻关,减少来自公司其他部门的干扰,或者为了保密。

战略 能为公司创造差异并让其拥有优于竞争对手的竞争优势的计划。

优势 在 SWOT 分析中,指那些能让你的公司或单位良好运作的能力——需要加以好好利用的能力。

替代品 任何能承担另一种商品或服务的角色的产品或服务。如果一种商品或服务价格的上涨导致另一种产品的销量增加,那么这两种商品或服务就可以看做是替代品。

SWOT 分析 对公司或操作单位面临的优势、劣势、机遇和威胁的分析。

劣势 在 SWOT 分析中,指阻碍某个公司或单位良好运作的绊脚石,是需要应付的问题。

威胁 在 SWOT 分析中,指那些你控制范围之外的可能事件或力量,你的公司或单位应该制订应对计划。确定减少威胁的方法。

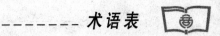

赢者得天下战略　同网络效应战略。

工作分解结构法　一种计划制订工具,将一个项目的目标分为完成目标所需的许多任务和子任务。

哈佛商务指南

略ABC

扩展阅读

扩展阅读

论　文

克里斯滕森,克莱顿(Christensen,Clayton)。"制定战略:在实践中学习"(Making Strategy:Learning by Doing),《哈佛商业评论》,1997 年 11-12 月。公司难以改变战略,背后有很多原因,但有一个比较突出:战略思维对大多数公司来说都并非核心管理能力。因为实践机会少,所以管理人员往往无法发展其在战略思维方面的能力。哈佛商学院的教授克莱顿·克里斯滕森为管理人员制定创新性战略、提高战略决策思维效率提供了帮助。这篇文章提供了一种三步法,管理人员借此能自己构思并实施独创和连贯的战略。这一方法迫使管理人员深入了解那些影响其公司的各种力量。该方法是一个有用的工具,因为它帮助管理人员将战略思维和操作规划联系起来——这两项活动常常被割裂开来,但当它们联系在一起时却更加有效。

科利斯,戴维·J.(Collins,David J.)和辛西娅·A.

蒙哥马利(Cynthia A. Montgomery)。"资源竞争"(Competing on Resources),《哈佛商业评论》,1995 年 7-8 月。你如何制定并支撑一个能产生利润的战略？许多过去盛行的战略方法都将管理人员的注意力引向内部,敦促他们构建自己特有的资源和能力。然而在实践中,像核心竞争力这样的概念却往往变成了每一个人都要遵循的行为,只是为了让自己"感觉良好"而已。这两位作者阐述了公司资源如何在一个动态的竞争环境中推动其业绩,他们还提出了一个新的框架,将战略思维朝两个方向推进:(1)部署一组实用、严密的市场测试来确定公司的资源是否确有足够价值成为战略的基础;以及(2)将这种从市场角度观察得来的能力信息与之前获得的有关竞争和行业结构的了解结合起来。

科利斯,戴维·J. 和辛西娅·A. 蒙哥马利。"创造公司优势"(Creating Corporate Advantage),《哈佛商业评论》,1998 年 5-6 月。真正伟大的公司战略和平淡无奇的战略之间差异何在？公司的高层管理人员怎样才能为企业创造明显的优势,使得企业整体的力量大于各部分的总和？

艾森哈特,凯瑟琳(Eisenhardt，Kathleen)和唐纳德·苏尔(Donald Sull)。"作为简单规则的战略"(Strategy as Simple Rules)。《哈佛商业评论》,2001 年 1 月。Yahoo!,eBay 以及其他一些公司非常善于根据不断变化的市场需求来改变自身,这种成功的战略已经无法用传统的竞争战略思维来解释。这些公司的成功是通过在市场空间中采取不断升级的战略而获得的,而这种做法对于传统的商业操作来说毫无吸引力可言。在本文中——这是

艾森哈特与苏尔在《哈佛商业评论》上发表的系列文章的第三篇——作者问了这样的问题:在变化速度非常快的市场中,竞争优势的来源是什么? 他们说,秘诀在于将战略视为简单规则。这些公司知道取得竞争优势最大的机会在于市场混乱,但它们同样承认需要几个关键的战略过程和几条简单的规则。在传统战略中,优势来自资源的利用或稳固的市场地位。而作为简单规则的战略中,优势则在于成功地捕捉稍纵即逝的机会。诸如产品革新、合伙经营、回形制造等关键战略过程会将公司置于机会最多的位置。然后,简单规则就会提供一些指导方针,管理者借此来抓住机会。从经验中成长起来的简单规则可以细分为五个类别:指导性规则、边界条件、优先性规则、时机规则和退出规则。采取简单规则战略的公司必须严格遵循所设定的规则,不能过于频繁地改变。恒久不变的战略能帮助管理者甄选机会,并利用好的机会来获得短期优势。

加迪耶什,奥里特(Gadiesh, Orit)和詹姆斯·L. 吉尔伯特(James L. Gilbert)。"将偏处一隅的战略转变为冲锋在前的行动"(Transforming Corner-office Strategy into Frontline Action)。《哈佛商业评论》,2001 年 5 月。除了战略计划和公司会议之外,企业还可以利用其他渠道将其战略传达到管理层和员工。其中之一叫做战略原则——一个方便记忆并能概括公司战略、指导行动的短语。这里有几个范例:西南航空的"以能够与汽车旅行成本竞争的价格满足客户短途飞行的需要";AOL 的"客户联通第一——任何时间、任何地点";易趣网的"专心做交易社区"。好的战略原则能鼓励管理者和员工专注于公司战略,努力寻找方法来支撑战略。如果能一致地传达公司的战略原则,你很快就能让公司所有的人——以及客户和竞争对手——"齐声歌唱"。

卡普兰,罗伯特(Kaplan, Robert)和大卫·诺顿(David Norton)。"将平衡计分卡用作战略管理系统"(Using the Balanced Scorecard as a Strategic Management System)。《哈佛商业评论》,1996年1-2月。平衡计分卡作为一种强大的工具早就引起了广泛的关注,借助它就能在整个企业内部澄清和传达战略,还能衡量战略执行情况。在本文中,作者解释了平衡计分卡如何通过四个过程将公司的短期活动与长期目标联系起来:(1)量化战略目标,迫使各级管理人员同意衡量标准,他们必须在这些标准指导下来将目标转化为行动;(2)传达并串联战略,将高层平衡卡"串联"至各个部门乃至个人。在企业各个层次上,人们都清楚企业目标以及支撑企业高层平衡卡的衡量标准;(3)将战略计划与预算联系起来,确保财务预算支撑战略目标;(4)鼓励回馈与学习,促使管理者思考、推理其平衡卡的结果,调整其对因果关系的认识。

波特,迈克尔·E.(Porter, Michael E.)。"竞争力量如何影响战略制定"(How Competitive Forces Shape Strategy),《哈佛商业评论》,1979年3-4月。这篇获奖文章影响广泛,它认为竞争的本质受到许多因素的影响,不仅包括竞争对手,还包括特定行业的经济情况、新进入者、客户与供应商的议价能力以及可替换服务或产品的威胁。基于该框架的战略行动计划可能包括下面这些行为:公司的定位要确保其能力足以为自身提供抵抗竞争力量的最好防

御,通过战略举措来影响这些力量的平衡,以及为竞争力量背后的因素可能发生的变化作好准备。

波特,迈克尔·E.。"战略与因特网"(Strategy and the Internet),《哈佛商业评论》,2001年3月。因特网行业中的许多先驱,不论是新兴公司还是有实力的公司,都以前所未有的方式展开竞争,几乎打破了优秀战略的每一项规则。它们不关注利润,转而通过折扣、渠道刺激和广告一视同仁地增加客户;它们不通过创造价值从客户那里获得可观的价格,转而寻求诸如广告费和点进费这样的间接收益;它们不求公平交易,转而努力提供每一种可能的产品或服务。事情并不一定非得如此——未来也不一定要这样。波特认为,说到强化一个与众不同的战略,因特网所提供的技术平台要优于以往任何的IT技术。获取竞争优势并不需要极端的、全新的商业方式,所需要的条件是建筑在成功战略的坚实基础之上。波特还指出,因特网并不像最近人们想的那样会对大多数现有行业和有根基的公司造成毁灭性的打击。它通常不会破坏某个行业中竞争优势的重要源泉,反而往往会让这些源泉更有价值。而且随着所有的公司都引入因特网技术,它作为优势源泉本身其实也在逐渐消解。因此,强劲的竞争优势还是会来自传统的优势力量,比如独特的产品、产权内容和出众的物质活动。因特网技术能够加强这些优势,却不大可能取而代之。

波特,迈克尔·E.。"何为战略"(What is Strategy),《哈佛商业评论》,1996年11-12月。这篇经典哈佛商业评论文章首先讨论了这样一种假设,即今天多变的市场和技术已经开始质疑竞争优势的实在性。为了提高生产力、质量和速度,许多管理者都被迫使用诸如 TQM、标准检查和再设计这样的工具。正如波特所描述的,这通常能在操作方面带来巨大的进步,但是这些收获很难转化为持久的利润。而这些工具会逐渐替代战略。管理者努力在各个方面改善自身的同时,他们其实离真正有竞争力的地位越来越远。波特指出,尽管操作效率对出众的业绩来说是必要的,但并不足够,因为技艺很容易模仿。与之相对,战略的真谛则在于选择一种独一无二、有价值的位置,根植于由各种活动组成的体系,而这是很难匹敌的。

拉芙妮,梅利莎(Raffoni,Melissa)。"高效执行的三把钥匙" (Three Keys to Effective Execution),《哈佛商业评论》,2003 年 1 月。执行很少得到人们的尊重。与之相对,战略制定却备受尊崇。原因何在?因为人们奖励创造性,这是最有价值的智力活动。但是经验丰富的部门领导知道,如果无法转化为行动,即便是最有创造力、最有前瞻性的战略计划也一无是处。简单、明了、集中,考虑这些之后——然后还要不间断地监督进度。正是执行使得有些公司在艰难时刻繁荣起来,而另一些则消亡。可参考"执行相关书籍"。

范·兹维腾,约翰(Van Zwieten,John)。"如何不浪费你在战略上的投资"(How Not to Waste Your Investment in Strategy),《培训与发展》,1999 年 6 月。你在自己的公司可能也曾有此体会:企业制订了一个优秀的未来计划,但是该计划付诸实施时得到的结果却差强人意。这个时候的管理层丧失了执行新计划的自信

心。好的战略很明显是因为无法适应变化的管理层而归于失败。在本文中,范·兹维腾探讨了执行战略变化的总裁和底层管理人员所面临的六种常见困境。然后他对每一种困境进行诊断并提供了案例。比如,困境之一就是部门之间产生了矛盾。作者说,这样的公司往往会鼓励部门间展开竞争。解决方案呢? 则是提供一种部门展开合作的高屋建瓴的前景,包括在客户面前展现"同一副面孔"的计划。文章结尾总结了成功企业的特征,包括:有员工明了的确定目标、对企业预期变化支撑这一目标的清楚解释、指导企业经营的共同价值观和一个"BHAG"——"巨大的、复杂的、大胆的目标"[如詹姆斯·柯林斯(James Collins)和杰瑞·波拉斯(Jerry Porras)所述]。

专　　著

Aaker, David. *Developing Business Strategies*,第六版。New York:John Wiley & Sons, Inc. , 2001. 这是一本有实践意义的教材,目的就是为管理人员提供一个借以辨别、挑选合适战略的框架。它对战略分析进行了详尽分析——即对市场、客户和竞争对手的分析。接着它还探讨了其他几种可供选择的战略,包括全局性的战略选择。

Andrews, Kenneth. *The Concept of Corporate Strategy*,修订版。Homewood, IL:Richard D. Irwin, Inc. , 1980. 1971 年首次

出版的这本书可谓开山之作。Andrews 从两个方面定义战略，即企业能做些什么——其优势和劣势，以及企业面临的各种可能性——即机会与风险并存的外部环境。《企业战略概念》一直都是现代商业的经典著作。

Barney，Jay. *Gaining and Sustaining Competitive Advantage*，第二版。Upper Saddle River，NJ：Prentice Hall，2001. 首次以大学教材形式完整探讨该话题。Barney 介绍了几种核心战略，并展示了如何以互补的方式将之运用到实践之中。

Bossidy，Larry and Ram Charan. *Execution: The Discipline of Getting Things Done.* New York：Crown Business，2002. 两位作者中，一位是退休的 CEO，另一位是商业顾问，他们在书中写道："执行是当今商业界唯一尚未得到重视的大问题。正是因为缺乏重视，才使之成为获得成功最大的、唯一的阻碍，也是很多失败范例的根源所在，而这些失败又常常被错误地归结到其他原因上面。"伟大的战略并不足以保证获得成功，还需要有技巧的执行。本书为战略执行开了许多药方。

Dav George，and David J. Reibstein. *Wharton on Dynamic Competitive Stategy.* New York：John Wiley ＆ Sons，Inc.，1997. 对战略制定者来说，不断变化的外部环境是一个严峻的挑战。本书的目的就是要帮助读者应对这一挑战，因此为读者提供了一种灵活、全面地审视竞争战略的视角。书中的每一章都由沃顿商学院管理教授写成。

Fogg，C. Davis. *Implementing Your Strategic Plan: How to*

Turn Intent into Effective Action for Sustainable Change. AMA-COM, 1999.本书介绍了理解公司战略和战略计划、制订部门计划和实施部门计划的各个步骤。Fogg 的这本著作围绕着成功实施某一计划的 18 个关键点而展开。包括建立责任感;将战略重点转变为指定的、可衡量的行动计划;培育有创新精神的领导层和过硬的心理素质;消除抵制力量;有效地分配资源;给予员工权威;以及持续向每一个人传达战略的内容。该书包括大量实例、实用的建议以及将战略计划转变为现实的技巧。尽管本书的对象是高层管理人员,但也能为企业各个层次的主管和小组领导提供教益。

Fogg,C. Davis. *Team-based Strategic Planning: A Complete Guide to Structuring, Facilitating, and Implementing the Process*. AMACOM,1994. Fogg 集中探讨了在小组环境中的战略制定,考察了六个关键方面:(1)架构与定制——设定战略制定过程,以满足企业需要;(2)推动——开始操作,从召开会议到记录下决策;(3)小组工作——建立小组,消除冲突;(4)领导层——规划前景,确定计划可操作性;(5)企业参与——在所有层次都获取参与的承诺;(6)信息收集与分析——标准检查、竞争分析和其他有价值的技巧。每一个步骤都附有实例,案例分析则显示哪些案例可以获得成功,哪些无法成功。本书还包含了掌握战略制定过程的许多实用工具。

Kieffer,David, Haig Nalbantian, Rick Guzzo, and Jay Doherty. *Playing to Your Strengths*. New York: McGraw Hill Publishing Company,2003.很少有总裁花时间来考查其商业战略和

人员实践、政策之间的一致性问题。这几位作者介绍了这样的不一致将危及甚至是最优秀的战略的成功。他们的调查描述了这样几家公司,其提升、雇佣和奖励政策其实在无意之中鼓励了员工采取某些与战略意图相悖的行为方式。在一个案例中,一家美国公司制定了通过频繁、短期的工作指派来建立一般性管理技能,但是这种政策却在暗中破坏了公司更高的目标,也就是强调产品质量和迅速向市场推出新产品的战略。分析表明,接受短期指派的管理人员都回报以提升和加薪,但是他们并没有借此获得技术能力来推进公司的高层战略。

Markides,Constantinos C. *All the Right Moves: A Guide to Crafting Breakthrough Strategy.* Boston:Harvard Business School Press,2000. Markides 探讨了公司为定义战略必须回答的几个关键问题:"我们的对象客户应该是谁?我们应该为他们提供何种产品或服务?我们如何能做到高效?我们怎样才能让自己与对手有所区别,从而为自己赢得一个独一无二的竞争地位?"但即便是最优秀的战略也只有有限的寿命。公司必须不断为自己创建新的战略地位——常常是通过打破原有规则。本书揭示了如何运用创造性思维——包括从不同角度审视问题、试验新思想——来完成战略革新。战略制定还要求公司作出艰难的决定。本书提供了一些决策思维的具体建议——如何系统、成功地作出选择。

Pascale,Richard T.,and Anthony G. Athos. *The Art of Japanese Management.* New York:Simon & Schuster,1981. 尽管这本 1980 年代的经典已经不再印刷,但是还能在网上找到,主

题也是讲战略实施的重要性。作者对两家公司——一家美国公司，一家日本公司——进行了详细的考察，并解释了为什么日本公司效益如此之好。

Pascale，Richard T. *Managing on the Edge: Companies That Use Conflict to Stay Ahead*. New York：Simon & Schuster，1990. Pascale 是一位学者兼顾问，他所关心的话题是公司革新。他建议公司总裁关注四条内在原则，借此来让公司走在别人前面。这四条原则是：合、分、争、超。合，指公司内部的团结；分，指将大企业分割成更小、更易管理的部门的智慧；争，指企业内部必须加以管理的、无法避免的矛盾；领导还必须能超越每家公司都深受其害的复杂性。

Porter，Michael E. *Competitive Strategy*. New York：Free Press，1980. 这算是所有战略书籍中的祖师级著作了，对全世界的商业管理人员产生的影响无人能比。在解释如何分析某一行业内的竞争形势时，作者用五种潜在力量对复杂的行业竞争进行了分析。他还解释了三种一般性战略——低成本、差异和集中，并展示这三种如何帮助个体公司获取战略地位，如何与利润率挂钩。读者会发现其应对竞争对手的建议比较有用。他提供了一个实用的框架，用来预测竞争对手如何回应自己的战略举措。该书还提供了两个很管用的附录："竞争对手分析中的资料技巧"和"如何进行行业分析"。

Yoffie，David and Mary Kwak. *Judo Strategy*. Boston：Harvard Business School Press，2001. 这两位作者向我们揭示了一种

古老的战略如何帮助小公司面对并打败规模数倍于自己的对手。柔道战略的核心思想是这样一种预设,即纯粹的体积和力量是无法与平衡、技巧和灵活相匹敌的。两位作者借用沃尔玛、PalmPilot、CNET 等公司的范例解释了如何将柔道的三种关键战略转变为一种成功的商业战略:用运动原则让对手失去平衡;在抵御攻击时保持自己的平衡;以及运用杠杆作用放大自己的力量。书中还提供了非常实用的工具,能帮助管理人员制定自己的柔道战略,包括发现竞争对手的弱点、占领空闲领域、受挫后收复失地。本书是斗士的指南,让你了解柔道战略和防御策略如何能够壮大你的公司,对于在新的商业战场上展开竞争并希望获胜的公司来说——不论是弱小的大卫,还是强大的歌利亚来说——本书都是强有力的助手。

哈佛商务指南

略ABC

顾问简介

顾问简介

过去 18 年以来,戴维·J. 科利斯(David J. Collis)曾为哈佛商学院、耶鲁大学管理学院和哥伦比亚大学商学院的教授,现执教于哈佛,同时主持"高级管理人员培训项目"。现为哈佛商学院战略小组 1958 级高级讲师,之前曾在耶鲁管理学院担任五年国际商业管理方向的弗雷德里克·弗兰克助理教授。他是公司战略与全球竞争方面的专家,最近出版了《公司战略》(*Corporate Strategy*)(与辛西娅·蒙哥马利合著)和《公司总部》(*Corporate Headquarters*)[与迈克尔·古尔德(Michael Goold)及大卫·杨(David Young)合著]等著作。他的许多论文刊载于《哈佛商业评论》、《管理学会杂志》(*Academy of Management Journal*)、《战略管理杂志》(*Strategic Management Journal*)和《欧洲管理杂志》。同时也有论文收录在许多专著中,包括《管理多种经营的公司》(*Managing the Multibusiness Company*)、《国际竞争》(*International Competitiveness*)和《超越自由贸易》(*Beyond Free Trade*)。他的论文、专著超过 50 种,在全世界销量超过 400 000 份。

科利斯先生以两科一等的优异成绩从剑桥大学获得文学硕士学位(1976),并获得该校伦伯里学者奖。在哈佛商学院作为贝克学者获得 MBA 学位(1978)、哈佛大学企业经济学博士(1986),在哈佛大学时为院长博士研究员。1978 年到 1982 年供职于伦敦的"波士顿咨询小组"。现为几家美国大公司的顾问,HULT 国际商学院理事会成员,WebCT,Vivaldi Partners 和 Folderwave 的顾问委员会成员,之前也曾为 Ocean Spray 顾问委员会成员。他还是网络学习公司 E-Edge 和顾问公司 Ludlow Partners 的创始人之一。

略ABC _____

哈佛商务指南

略ABC

作者简介

作者简介

　　理查德·吕克(Richard Luecke)为"哈佛商务指南系列"撰写了多本著作。现居美国马萨诸塞州塞勒姆，曾写有或主持 50 多种著作和论文，涵盖的商业话题非常广泛。在圣·托马斯大学获得 MBA 学位。可通过其邮箱 richard. luecke@verizon. net 与他联系。